التدريب المؤثر في العمل

إعداد

خبراء المجموعة العربية للتدريب والنشر

الناشر

المجموعة العربية للتدريب والنشر

2013

فهرسة أثناء النشر إعداد إدارة الشئون الفنية - دار الكتب المصرية

التدريب المؤثر في العمل. إعداد: خبراء المجموعة العربية للتدريب والنشر. إشراف علمي: محمود عبدالفتاح رضوان - ط1 - القاهرة: المجموعة العربية للتدريب والنشر

104 ص: 29x21 سم.
الترقيم الدولي: 978-977-6298-88-0
1- التدريب الإداري
2- الدورات التدريبية
3- العمل والعمال

أ- خبراء المجموعة العربية للتدريب والنشر (معد)
ب- رضوان، محمود عبد الفتاح (مشرف)
ديوي: 658.3124 رقم الإيداع: 2012/5736

إعداد المادة العلمية: منال أحمد البارودي

الطبعة الأولى

2013

الناشر
المجموعة العربية للتدريب والنشر
8 أ شارع أحمد فخري - مدينة نصر - القاهرة - مصر
تليفاكس: 22759945 - 22739110 (00202)
الموقع الإلكتروني: www.arabgroup.net.eg
E-mail: info@arabgroup.net.eg
elarabgroup@yahoo.com

المحتويات

مقدمة الناشر

نحن نعنى في المجموعة العربية للتدريب والنشر على نحو خاص بتناول كافة القضايا والمتغيرات المتلاحقة ومتطلبات الإصلاح الإداري والاقتصادي وكل ما يهم المنظمات والتعرف أيضا على التجارب العالمية الناجحة للوصول إلى الهدف المشترك مع عملائنا في رفع وتطوير الكفاءات البشرية مرتكزين بذلك على قاعدة بيانات من الخبراء والمتخصصين والاستشاريين المؤهلين لتنفيذ وإدارة كافة البرامج علميا وعمليا بما يتواكب مع طبيعة عمل المنظمات، كما يتضمن نشاط المجموعة العربية للتدريب والنشر القيام بجميع أنواع الاستشارات في كافة التخصصات وقد ظهرت الحاجة إلى تفعيل نشاط البرامج التدريبية في المجموعة العربية للتدريب والنشر لتخاطب احتياجات محددة للشركات والجهات المختلفة من خلال القيام بدراسة وتحديد الاحتياجات التدريبية للشركات وتصميم برامج خاصة تفي بهذه الاحتياجات وذلك لرفع معدلات أداء العاملين وتنمية مهاراتهم المختلفة.

برامجنا التدريبية:

تغطى كافة التخصصات التي تحتاجها القطاعات المختلفة ونذكر من هذه البرامج على سبيل المثال:

- المهارات الإدارية والإشرافية وإدارة الأعمال للمستويات الإدارية المختلفة.
- المهارات السلوكية والقيادية.
- المحاسبة بجميع فروعها وتخصصاتها.

- التمويل والإدارة المالية والاستثمار.

أسلوبنا في التدريب:

لا نعتمد في التدريب على الأسلوب التقليدي الذي يعتمد بدوره على التلقين وإعطاء المحاضرات، ولكن نرى أن التدريب بمفهومه الحديث يجب أن يعتمد على الحوار والنقاش وتبادل الخبرات.. ومساعدة المتدرب على طرح المشكلات التي قد تواجهه في عمله ووضع تصوراته للحلول بما يؤدى إلى تحقيق الاستفادة المرجوة من حضور البرنامج. ونعتمد في التدريب على العديد من الأساليب مثل:

- دراسة ومناقشة الحالات العملية.
- الاستقصاءات وتبادل الآراء والمقترحات.
- الأفلام التدريبية
- تمثيل الأدوار.

كذلك لدينا مجموعة متميزة من قاعات التدريب التي تم إعدادها بأحدث الوسائل السمعية والبصرية بما يؤدى إلى تقديم خدمة تدريبية على أعلى مستوى من الجودة.

أنواع البرامج التي نقدمها:

هناك نوعان من البرامج

برامج مركزية:

وهى البرامج المدرجة في الخطة السنوية بتواريخ وأماكن محددة والتي نقوم بإرسالها في بداية كل عام للمؤسسات والهيئات والجهات في أنحاء العالم العربي، وبعد ذلك نتلقى الترشيحات من الجهات المختلفة على تلك البرامج.

برامج تعاقدية:

نظرا لصعوبة احتواء خطة البرامج السنوية على جميع البرامج في المجالات والقطاعات والأنشطة المختلفة وكذلك مواعيد وأماكن البرامج المدرجة بالخطة قد تكون غير ملائمة لبعض الجهات أو المؤسسات أو قد تطلب جهة ما تنفيذ برنامج تفصيلي متخصص يتماشى مع طبيعة عمل تلك الجهة بالتحديد لذلك يتم تنفيذ برامج تعاقديه يتم تصميمها لتلبية احتياجات الجهة الطالبة بشكل خاص في المكان والزمان المناسب لها.

مدة برامج التدريب:

تم تصميم وإعداد وتنفيذ برامج تدريبيه قصيرة للمؤسسات والهيئات تتراوح مدتها من أسبوع تدريبي (خمسة أيام عمل) إلى أربعة أسابيع.. وهناك برامج تأهيلية وهى ما يطلق عليها (دبلومات) وتتراوح مدتها من ثمانية أسابيع إلى أربعة وعشرين أسبوعا تدريبيا وحسب ظروف الجهة الطالبة.

الوحدة الأولى

مفهوم التدريب وأساليبه

يعرف التدريب بأنه "النشاط المستمر لتزويد الفرد بالمهارات والخبرات التي تجعله قادراً على مزاولة عمل ما بهدف تطوير العمل وتحسين الأداء".

والتدريب لم يعد مقتصرا على تنظيم الدورات التدريبية التقليدية ومنح شهادات الاجتياز، بل أصبح خيارا إستراتيجيا في منظومة استثمار وتنمية الموارد البشرية، كما أن الإنسان لم يعد يطلق عليه اسم العامل أو الموظف، بل أصبح يطلق عليه اسم المورد البشري، ولذلك يعتبر الإنسان من أهم الموارد التي تقوم عليها صروح التنمية والبناء والتنوير في أي دولة وفي أي مكان فوق كوكب الأرض، ولقد تسابق العلماء في تخصصات مختلفة على تعظيم الإنسان، فأطلق عليه الاقتصاديون اسم رأس المال البشري.. كما أطلق عليه المحاسبون اسم الأصول البشرية.. أما الإداريون فقد سموا الإنسان برأس المال المبدع أو رأس المال المعرفي.

وفي نهاية القرن العشرين نجد أن ثورة المعلومات أفرزت ثورة إدارية اتجهت نحو تغيير الأسلوب والمنهج التقليدي في إدارة المنظمات، وأصبح التركيز على الإنسان الكفء القادر على التعامل مع التغيرات والمستجدات والتطورات، بحيث يصبح الثابت الوحيد في عالم اليوم والغد هو التغيير وأصبحت الإدارة هي إدارة عمليات التغيير وصولا إلى إدارة الجودة الشاملة.

وتعتمد هذه المنهجية الجديدة لإدارة الجودة الشاملة على العنصر البشري وتنميته وتطويره بصفة مستمرة، وتبعا لذلك تطورت النظرة من الفرد المدير إلى المدير القائد، وأخيرا المدير ذي الكفاءة العالية في التأثير على عناصر البيئة التي يتعامل معها، وتحولت القيادة الإدارية إلى القيادة الإستراتيجية.. وتحولت العملية الإدارية من التحسين إلى استمرارية التحسين وعدم توقفه.. ومن الإدارة العادية إلى الإدارة الوقائية.

إن منظمات الأمس التي ستبقى اليوم وغدا لابد أن تسعى إلى تطوير وتوسيع أهدافها لتقابل الغد المجهول، فهي إذن تتغير من مؤسسات ذات أهداف واضحة وذات صفة كمية ونشاط نمطي، إلى مؤسسات ذات أهداف متجددة متنوعة ومترامية لا تقتصر في نوعيتها على كم محدود، بل قد تتجاوزه إلى نواح ومتطلبات غير كمية صعبة القياس، وهذا هو التحدي الأخطر الذي تواجهه منظمات ومؤسسات المال والأعمال في دول العالم الثالث، وهنا تتجلى إطلالة التدريب كآلية مستمرة للمواكبة والمواصلة ومواجهة التحديات

أهداف التدريب:

إذا تمكنا من تحديد الهدف أو الأهداف من التدريب فإن ذلك سوف يساعد على تحقيق خطوة هامة وهي تحديد الأساليب والوسائل التي يتم من خلالها الوصول إلى هذه الأهداف لذلك ينبغي أن تكون الأهداف واضحة ليعلم المدربون والمتدربون ما هو المطلوب أدائه منهم تحديدا، وعلى ذلك فإن البدء بكتابة الأهداف يمثل المدخل الصحيح لتخطيط التدريب.

- اكتساب الأفراد المعارف الوظيفية وصقل المهارات لإنجاز العمل على أكمل وجه.
- تطوير أساليب الأداء لضمان أداء العمل بفعالية.
- تخفيف العبء على المشرفين.
- الحد من الأخطاء وتحقيق الاستفادة القصوى من فرق العمل
- مساعدة كل موظف على فهم وإدراك العلاقة بين عمله وعمل الآخرين.

أهمية التدريب في المنظمات:

إن مهارات الأفراد غير دائمة وربما يأتي عليها وقت وتبطل، فلا يمكن توقع أن يظل العاملون ماهرين إلى الأبد، فالتقدم التقني في كل أوجه الحياة يجعل المهارات متجددة كما أن تغيير الأفراد لمجالات عملهم يتطلب مهارات وقدرات مختلفة عن تلك التي كانت تتطلبها أعمالهم السابقة ولذلك ليس من العجب أن تنفق المنظمات الأموال الطائلة بهدف تأهيل العاملين وتطوير مهاراتهم، وعلى سبيل المثال فيقدر ما ينفق في الولايات المتحدة على برامج تدريب العاملين فيها نحو 30 مليون دولار في العام الواحد.

ويمكن بلورة أهم الجوانب التي تبين أهمية التدريب وفوائده للمنظمات عامة في النقاط التالية:

1- زيادة الإنتاجية:

ذلك أن تطوير مهارات العاملين ينعكس إيجاباً على الإنتاج كماً ونوعاً، ويؤدي مع توافر الظروف المناسبة الأخرى إلى تخفيض التكاليف.

2- زيادة الرضا الوظيفي للعاملين:

يساعد التدريب على زيادة ثقة العامل بنفسه ومهاراته، ويحسن من اتجاهاته تجاه عمله والمنظمة بشكل عام وسوف نتعرض لهذه النقطة بالتفصيل في الوحدة الثانية.

3- تخفيض حوادث العمل:

إن تدريب العاملين على أفضل الأساليب والتقنيات اللازمة لأداء العمل بشكل سليم، يؤدي إلى تخفيض معدلات حوادث العمل وهذا بدوره يقدم للمنظمة وفورات كبيرة في النفقات.

4- ضمان استمرارية التنظيم وإكسابه المزيد من المرونة:

أما استمرارية التنظيم فيقصد بها عدم اعتمادية المنظمة على أشخاص معينين، بحيث أنها تبقى مستقرة وفاعلة رغم فقدان أحد مدراءها الرئيسيين.

وهذا يتحقق من خلال إعداد وتدريب ما نسميهم بكوادر النسق الثاني.

أما المرونة: فهي قدرة المنظمة على التكيف مع متغيرات الأعمال والوظائف وهذا من خلال تدريب الأفراد لشغل الوظائف الجديدة.

5- يؤدي التدريب إلى تحسين سمعة المنظمة:

ولعل هذه الفائدة لا تؤتي أكلها أو ثمارها إلا بعد أن تنبت الفوائد المذكورة سابقاً، فجودة الإنتاج وتخفيض التكاليف ورضي العاملين ومرونة المنظمة واستمراريتها، جميعها مزايا ونتائج تترك بصمتها النهائية على الصورة الذهنية لأي منظمة ضمن محيطها الذي تتحرك فيه.

مبادئ التدريب الفعال في ضوء نظرية النظم:

إن التدريب الفعال هو الذي يحقق النتائج المرجوة من العملية التدريبية، ولهذا نرى أن التدريب الفعال لا ينظر إليه بمعزل عن البيئة التي يتم تنفيذه فيها وذلك كله يمكن أن نلخصه في العناصر التالية:

أولا: مبادئ عامة.

ثانيا: مبادئ تنظيمية.

ثالثا: مبادئ اجتماعية.

رابعا: مبادئ نفسية.

مبادئ تنظيمية
مبادئ عامة
مبادئ التدريب الفعال
مبادئ نفسية
مبادئ اجتماعية

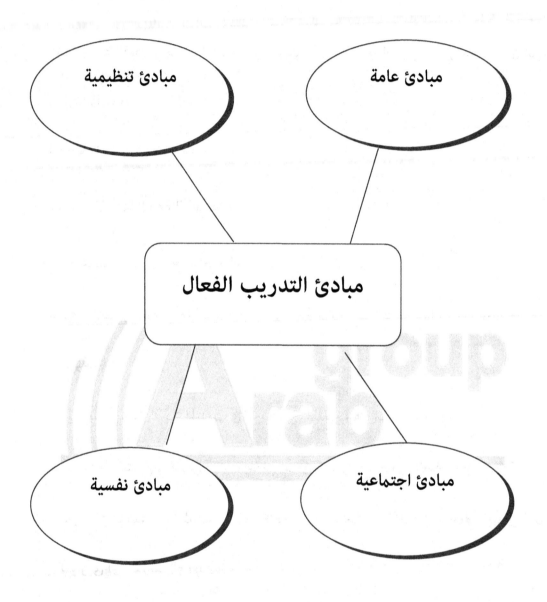

أولا: المبادئ العامة للتدريب:

عندما يواجه الفرد مواقف تعليمية جديدة وذلك كما يظهر في العملية التدريبية بين كل من:

أ-   المدرب والمتدرب.

ب-   المتدرب والمتدرب الأخر معه.

لابد من مراعاة المبادئ العامة التالية :

1-   التعلم عملية مستمرة مع استمرار الحياة، ولكنها تختلف من فرد لأخر.

2-   التنمية والتطوير تختلف من فرد لأخر حسب إمكانياته وقدراته الجسمانية والعقلية والروحية والثقافية.

3-   التنمية عملية مشتركة بين المتدرب والمدرب وبين المتدرب والمشاركين معه في نفس البرنامج.

4-   كل شيء قابل للتعلم وذلك في اللغة والمعلومات والقيم والاتجاهات والصفات الشخصية.

5-   أي شي يمكن تعلمه يتم تطبيقه في مجال العمل أو في المجالات الأخرى المشابهة سواء في الإنتاج أو التسويق أو التدريب أو الإدارة... إلخ.

6-   العملية التدريبية تساهم في تحقيق التنمية الذاتية في الجوانب العقلية والسلوكية بشكل متكامل.

ثانيا: مبادئ التدريب التنظيمية:

1- ضرورة وجود هدف للعملية التدريبية.

2- ترتبط المادة التدريبية بطبيعة عمل المتدرب.

3- تحدد المادة التدريبية وفق تسلسل منطقي وتصاعد درامي متكامل.

4- ربط المادة التدريبية بمشاكل العمل الواقعية.

5- توافر النظرة الإيجابية من قبل الرؤساء للعملية التدريبية.

ثالثا: مبادئ التدريب الاجتماعية:

بالنظر إلى التدريب على أنه عملية اجتماعية يرتبط فيها عدد من الأفراد لهم علاقات وأدوار وأحاسيس تحكم علاقاتهم، ولهم ارتباط بالنظام الاجتماعي الذي يعملون فيه سواء من ناحية الشركة أو المجتمع فإن ذلك يجعل نجاح العملية التدريبية مرتبط إلى حد كبير بنفس القيم السائدة في المجتمع المحيط، وذلك في ضوء المبادئ التالية:

1- الميل إلى العمل الجماعي والرأي الجماعي والتأكيد على أهمية وضرورة الفكر الجماعي في البرنامج.

2- بيان أثر ودور الجماعة في تشكيل سلوك المتدرب وبيان أثر الانسجام على تحقيق النتائج.

3- ضرورة أن يلم المدرب بخلفيات المتدربين وأسلوب تفكيرهم حتى يحقق الفعالية من عملية نقل الخبرة والمهارات في البرنامج التدريبي.

4- بيان أهمية الحجم الأمثل للمجموعة الفعالة وبيان أثر ذلك في النقاش والحوار والتفاعل بين الأعضاء.

5- توافر جو من الدفء والثقة بين هيئة التدريب والمشاركين في البرنامج يساهم في نقل الخبرات وسهولة التفاعل في العملية التدريبية.

6- توافر مساحة كافية لطرح أراء المتدربين وأفكارهم بل والمساهمة في تحديد نتائج البرنامج يساهم بشكل كبير في تحقيق الفعالية.

7- تأثر هيئة التدريب بالمناخ السائد في الشركة التي يتم فيها العملية التدريبية والمساهمة في ميكانيكية العملية التدريبية دون إفساد لها.

رابعا: المبادئ النفسية للعملية التدريبية

1- الدوافع.

2- الاتجاهات.

3- درجة النضج.

4- العائد من العملية التدريبية.

5- التدرج في نقل المعلومات.

6- وقت البرنامج وتفتيت الجهد.

أنماط التدريب:

تصنيف التدريب: هناك عدة أسس لتصنيف التدريب منها:

1- التصنيف حسب مكان التدريب:

- التدريب الداخلي: هو تدريب الشخص داخل مكان العمل.

- التدريب الخارجي: يتم بواسطة مكان أخر أو شخص من خارج المنظمة التي يعمل بها الموظف.

2- التصنيف حسب المرحلة:

- تدريب ما قبل الخدمة: وهو التدريب الذي يخضع له الملتحقون حديثاً، أو لتأهيل أشخاص تمت ترقيتهم لوظيفة أعلى.

- التدريب أثناء الخدمة: وهو التدريب الذي يقدم للأشخاص أثناء الخدمة والذين يؤدون مهام محددة.

3- التصنيف حسب مستوى التدريب:

- تدريب تنويري

- تدريب تشغيلي

- تدريب تطبيقي

4- التصنيف حسب مجال التدريب.

- تدريب تنموي.
- تدريب مهني.
- تدريب إداري.
- تدريب فني.

ما هي أساليب التدريب المختلفة أثناء العمل:

1- قضاء فترة تسمى تحت التمرين تمتد لعدة أشهر قبل أن يصبح الموظف الجديد مسئولا تماما عن عمله.

2- الدوران بين عدة وظائف أو أنشطة يتعرض فيها المتدرب لرؤية مختلفة لشتى الوظائف التي يحتاج إلى الإلمام بها، وهذا النوع بالذات يصلح في التدريب الإداري حيث يتعرض المرشح للمنصب الإداري لشغل عدة وظائف حيث يلم بمحتوياتها وحتى تتكون لديه رؤية أشمل للوظائف التي ستكون تحت إشرافه فيما بعد.

3- المكتب المجاور أسلوب أخر للتدريب يتم وضع مكتب الموظف الجديد مباشرة بجوار مكتب رئيسه أو موظف قديم، ذلك حتى يقوم بتدريبه ويلاحظ سلوكه وتصرفاته وأعماله وقراراته ويسند إليه المدرب بعض

الأعمال بالتدريج فيقوم بها في البداية تحت إشرافه ثم يبدأ في الاستقلال بأعمال كاملة بالتدريج.

4- شغل وظائف الغائبين... يمكن التدريب عن طريق تكليف الزملاء بالقيام بأعمال رؤسائهم أو مدربيهم أو زملائهم القدامى لفترة محددة أثناء غيابهم في أجازة أو لحضورهم تدريب أو لمرض أو لغيره من الأسباب، فيتعلمون بالتدريج الوظائف الجديدة، وبعد عودة الزميل أو الرئيس أو المدرب يسأله ماذا فعل في هذا الموقف أو ذاك أو ربما يحيله إلى شخص أخر كالمدير ليسأله إذا صادف موقفا صعبا.

5- توجيه الأسئلة... يمكن للرئيس أو الزميل القديم أن يدرب الموظف الجديد عن طريق سؤاله دائما ماذا تظن أنه يجب أن أفعل في هذه المسألة أو تلك ؟ وبهذا يمكن أن يحيل إليه الملف كاملا لبحثه واتخاذ قرار فيه، ولن يكون القرار نهائيا طبعا، ولكنه رغم هذا يشبه طريقة الإحلال محل الغائب في أنه يأخذ عملا بدلا من آخرين.

6- المشاركة في أعمال اللجان... وذلك عن طريق تعريف المتدرب لخبرات وأراء أفراد آخرين حيث لم يكن يظن أن الآراء بهذا التنوع والاختلاف، ويحاول المتدرب التمرس على عرض وجهة نظره بأسلوب منطقي مقنع يتعرض فيه لكل الجوانب، أو حتى قد تساعده على تكوين وجهات نظر جديدة، إلى جانب تعلم كيفية العمل في جماعة

وهذا الأسلوب يصلح للمرشحين لوظائف إدارية أو قيادية وإن كان يعـانـي مـن عيـوب اللجـان المعروفة.

7- الوثائق – أو النشرات... وتتكون من تعليمات توزع على المـوظفين الجـدد كـل فـترة مـن الـزمن تشـمل تعلـيمات وتوجيهـات عـن أفضـل الأسـاليب لأداء العمـل والواجبـات والمسـؤوليات والسلوكيات الوظيفية ووظائف الشركة وفرص الترقي، وكيفية تحسين الأداء إلى جانب معلومـات متخصصة في وظيفته الجديدة.

المحددات التي تقلل من فعالية التدريب أثناء العمل:

1- أن الرئيس المباشر نفسه قد يكون ترقى لمنصبه بالأقدمية وليس بالكفاءة، فهو لن يكون بالكفـاءة التي تؤهله لتدريب الموظفين الجدد وحتى لو كان كفء، فقد يكون وصل لمنصبه لإتقان العمل في الماضي بطريقة محددة وقد لا تخلو طريقتـه مـن العيـوب التـي يتعلمهـا المـدرب، كـما أن طريقته ربما كانت ملائمة في الماضي ولكن قد لا تكون كذلك في ظل التطور التكنولـوجي السريـع الذي يحدث في الحياة العملية.

2- قد يكون الرئيس المباشر ممتاز كعامل كفء، وقد يكون ممتازا كرئيس، ولكنه قد لا يعرف كيف يـدرب الآخرين، فالتـدريب عمليـة تحتـاج إلى مهـارة، وقـدرة عـلى توصيل الأفكـار للآخرين بالتدريج.

3- انشغال الرئيس في أعمال كثيرة أخرى قد تجعله يظن أن أفضل أسلوب للتدريب هو أن تجعل المرؤوس الجديد ينهمك فجأة في العمل بدون أن يتعلم بالتدريج الخطوات التمهيدية والمبدئية التي تكون ضرورية ليتعلم خطوة بخطوة وبطريقة منظمة الأسلوب الصحيح لأداء العمل.

4- إن علاقة المرؤوس برئيسه وما يصاحبها عادة من انفعالات العمل قد لا تدع للمرؤوس الفرصة لكي يشعر بالاطمئنان وهو يجرب ويخطئ، مما يجعل الجو متوترا دائما بين المتدرب والمدرب وخاصة لو تعود الرئيس على لوم المخطئ من مرؤوسيه ونسى أن هذا الموظف مازال تحت التدريب.

5- قد تكون هناك من المعلومات ما لا يستطيع الرئيس نقلها لأنه هو نفسه لا يعرفها ولذلك يجب الاهتمام بتوفير المعرفة الكافية للرئيس الذي سوف يقوم بالإشراف على التدريب أثناء العمل.

الوحدة الثانية

مفهوم الجودة

في إدارة الموارد البشرية والتدريب

ماهية جودة التدريب:

بطرح العديد من المفاهيم حول الجودة الشاملة نستطيع أن نصل إلى مفهوم جودة التدريب

المتمثل في:

- تجويد وتحسين مدخلات وعمليات ومخرجات التدريب بما يساهم في تحقيق أهداف التنمية.

- إعادة هيكلة نظام وآلية التدريب في ضوء المعايير العالمية للجودة الشاملة وربطه بمدخلات

  وعمليات ومخرجات النظام التدريبي لتحسين العملية التدريبية.

- التحسين المستمر للأداء في التدريب بما يحقق الجودة في جميع نشاطاته ونتائجه.

- كما أن الجودة في المؤسسات التدريبية: تعني مدى مطابقة مخرجات التدريب للأهداف والمعايير الموضوعة.

ما المقصود بإدارة الجودة الشاملة:

- التركيز على العميل داخل وخارج المنظمة.

- التركيز على استمرار تحسين العمليات التنظيمية.

- التركيز على وجود قاعدة بيانات دقيقة.

- التركيز على بناء فريق العمل.

- التركيز على اندماج المرؤوسين.

- التركيز على القيادة الصحيحة.

- التركيز على التحسين والتطوير الدائم.

- التركيز على التعليم والتدريب المستمر.

متطلبات تطبيق الإدارة بالجودة الشاملة:

- تغير عاداتنا القديمة.

- تغيير أسلوب التفكير.

- قدراً من الصبر على النتائج.

- عدم الخوف من التغيير.

- معارف ومهارات جديدة.

- الحكمة إحدى المتطلبات المهمة.

- الاستعداد للعمل الشاق.

التعرف على فكر ومعتقدات وتوقعات وآراء العملاء

- لماذا يعتقد عميلك أنه في حاجة إليك؟

- كيف يفكر عميلك؟

- ما هي درجة رضا عميلك عن أدائك؟

- كيف يتوقع عميلك حاجاته المستقبلية؟

كيف تطبق إجراءات الإدارة بالجودة الشاملة في إدارة الموارد البشرية؟
مرحلة أولى
التحسين المستمر والتطوير
مرحلة ثانية
تغيير المناخ العام والتهيئة لقبول الجديد
الخطوات
التعلم
اكتسب المعرفة
المعايشة
اكتسب الحكمة
التقدم
تحول إلى الأفضل

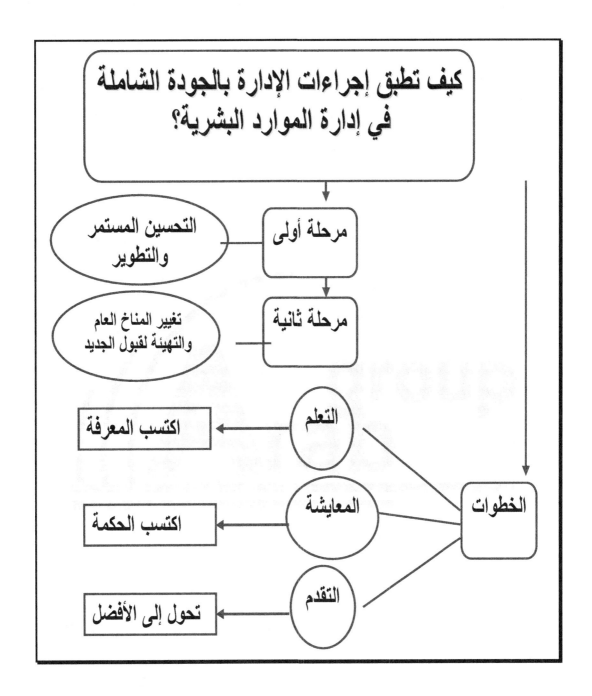

كيف تركز على العميل
تحديد الاحتياجات
الإنصات الجيد
تشجيعية على المصارحة بالمشاكل
الحرص عليه حالياً ومستقبلاً
الاهتمام بالتغذية العكسية

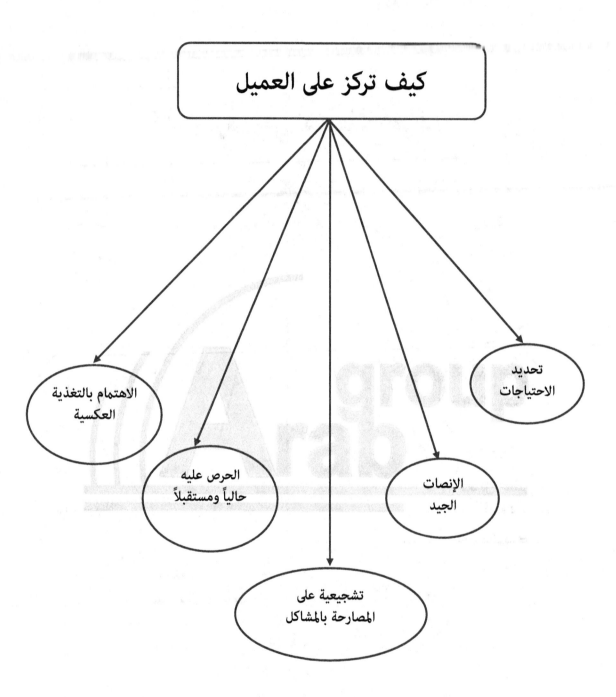

كيف تتعرف على احتياجات عميلك
العميل دائماً على حق
تعرف على الاحتياجات المستقبلية
كن على اتصال عميق بعملائك
اطرح الأسئلة
العميل عضو في فريقك عند التخطيط
أنصت جيداً
العميل مصدر للبيانات
شجع عملائك على نقدك
ابحث عما هو أبعد وأعمق

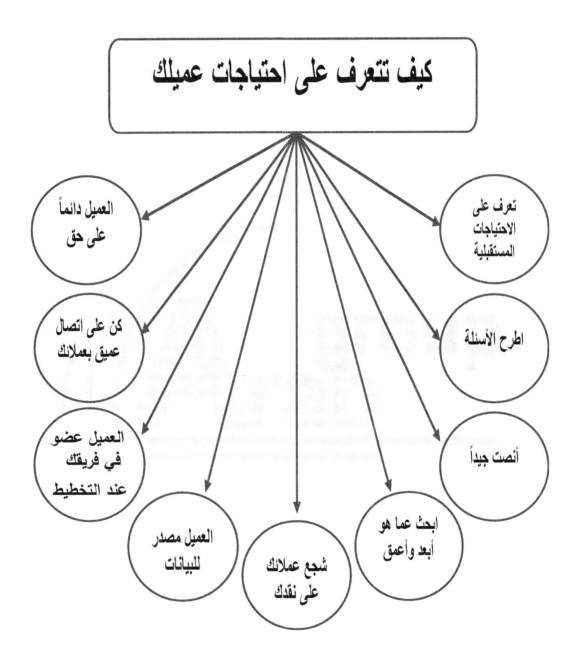

القيادة والعمل بروح الفريق في إدارة الجودة الشاملة

ماذا تريد الإدارة العليا؟

الإدارة العليا تقود التغيير في ثلاث مراحل هي:

- المرحلة الأولى التخطيط للتغيير.
- المرحلة الثانية الانتقائية.
- المرحلة الثالثة مرحلة الرؤية

أولاً: المرحلة الأولى التخطيط للتغيير: ويمكن تحقيق ذلك بالخطوات الآتية

- تنظيم وتطوير الوسائل المستخدمة لاكتساب المعرفة والخبرة.
- تحديد العمليات المطلوبة.
- تفهم ثقافة المنظمة.
- التعرف على ماهية إدارة الجودة الشاملة.
- كيف يمكن تطبيقها.
- تحديد المسئوليات والمهام لكل فرد.
- توعية الأفراد وتدريبهم.
- تكوين فرق العمل الذي تتصف بالعمل الدءوب والتخطيط للاستمتاع بالمستقبل الجديد والإحساس الدائم بالتفاؤل.

ثانياً: المرحلة الثانية الانتقائية وتعني ضرورة.

- توفر المعرفة والخبرة الكامنة.

- تكوين الرؤية الواحدة لدي العاملين في المنظمة.

- تفهم العاملين للمقصود بالتطوير.

- سيطرة نزعة التطوير نتيجة لتدريب العاملين.

ثالثا: المرحلة الثالثة مرحلة الرؤية وتتلخص فيما يلي:

- بأن يتعايش كل العاملين مع الرؤية الجديدة.

- أن تتحسن العمليات المتبقية الموجهة نحو الهدف.

- أن يشعر كل فرد أنه جزء من البيئة الجديدة.

- التطوير المستمر يتحول إلى شيء مألوف.

- تشجيع العاملين على تحقيق رغبات العملاء.

- أن يتم اتخاذ القرار من أدنى المستويات الوظيفية.

- تولد اتجاه قوي نحو التعليم.

تصرفات القادة والرؤساء التي تعوق أداء الفريق

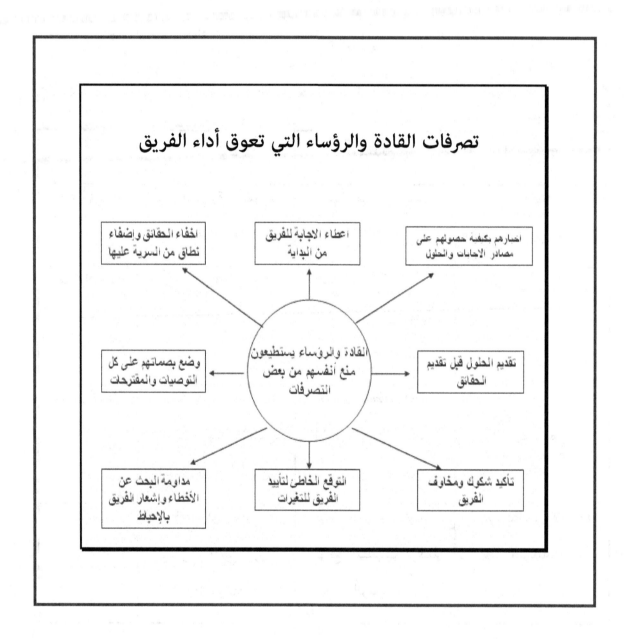

ماهية خطة التطبيق الرئيسية للموارد البشرية والتدريب من حيث العمل والتسلسل العام للعملية لتطبيق الجودة الشاملة:

	التخطيط	التقديم	المداومة على
لجنة التوجيه	حدد استمارة العضوية/ التدريب دور التوضيح	اعمل كفريق، اظهر الالتزام.	التخطيط طويل المدى، حافظ على القوة الدافعة.
الإستراتيجية	أوجد الرؤية، تسمية الجهود	التركيز على التكامل، أوجد الرموز لتسهيل عملية الانتقال والتحول.	النظرة البعيدة المدى.
هيكل العمل	تشكيل فريق التصميم، تحديد الهيكل الأساسي، تطوير خطة التطبيق.	تطبيق الخطة، اشتراك الإدارة الوسطي مبكراً.	إدماج الهيكل في نظام الإدارة اليومي.
الشئون الإدارية	تخطيط الموارد، تحديد المنسق، تحديد الميزانية ومتطلباتها.	نشر الخطة ومراقبتها، وتوقع المتطلبات الوقتية الزمنية.	إدماج ذلك في الأنشطة اليومية.

الاتصال	نقل الخطط والرؤية للجميع، تطوير خطة اتصال.	انقل النجاح، انقل التقدم والدروس، استخدم الوسائل الجديدة.	شجع على الاتصال متعدد المهام.
التعليم والتدريب	تطوير خطة التدريب، تصميم المواد وفقاً للاحتياجات.	توعية الجميع، المهارات الجماعية للفريق، مهارات توجيه الإدارة.	المداومة على تلبية احتياجات النمو، إيجاد جو تعليمي وقاعدة مهارات متعددة
العمل الجماعي	تحديد دور كل فريق، تحديد معايير اختيار الفريق، تطوير أسلوب العمل.	مشاريع عمل جماعي تجريبية، اختيار المنسقين.	تشجيع التلقائية، العمل الجماعي متعدد المهام، اشتراك العملاء والموردين في فرق العمل.
التركيز على العميل	تحديد العملاء، تقديم مفهوم العميل الداخلي.	استقصاء مستوى رضاهم احتياجات العميل في مكان العمل.	قيادة العملاء والموردين إلى المستقبل، التفوق على توقعات العملاء.

قياس التقدم	تحديد مؤشرات الأداء الرئيسية.	تتبع، تقييم وتعديل الخطة والتصميم.	استقصاء آراء العملاء.
المكافأة والاعتراف	تحديد أسلوب الاعتراف بالفريق والفرد.	الاحتفال بالنجاح، مكافأة الفرق، تنفيذ النتائج بسرعة.	ربط الأداء بالأهداف، تعديل نظم التقدير والتعويض والمكافآت.
التجاوب الثقافي	التعرف على العوائق الثقافية.	إبعاد الخوف، التركيز على العمليات الجديدة إدخال لغة جديدة.	تشجيع التطوير المستمر، ضمان دعم السياسات والإجراءات للثقافة المطلوبة.
مسئولية الإدارة	تتعلم أكثر ما يمكنها.	تعيش كنموذج يحتذي.	تنادي بالتطوير المستمر.

مقياس للتدريب مستخرج من ٢٠ مقياس
١
مسئولية الادارة
٢
نظام الجودة
٣
مراجعة العقد
٤
مراقبة التصميم
٦
الشراء
٧
التخزين (المنتج الموجه للمشترى)
٩
ضبط العملية
ISO 9000
نظام جودة التعليم والتدريب
١٨
معايير التدريب
١٨
ادارة وتوجيه التدريب
١٨
طاقم ومعلمي التدريب
١٣
مراقبة المنتج غير المطابق
١٧
المراجعة الداخلية للجودة
١٦
سجلات الجودة
١٤
الاجراءات والإصلاحات
مراقبة الوثائق

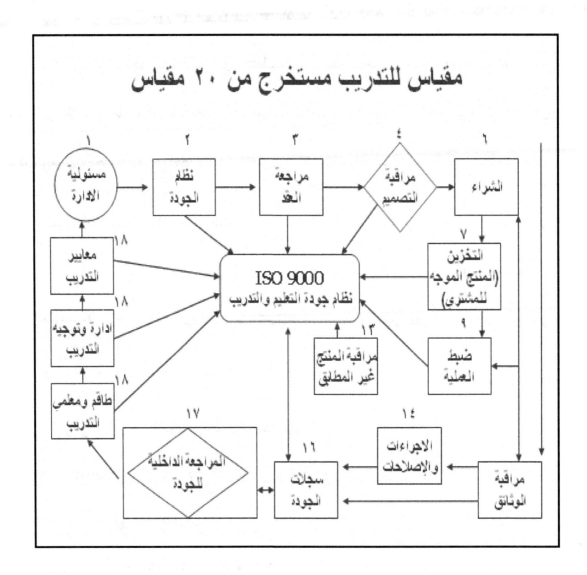

بعض النماذج التطبيقية لإدارة الجودة الشاملة

تساعد إدارة الجودة الشاملة الإدارة التعليمية بطريقة منهجية منظمة على إحداث التغيير المنشود في المنظمة، حيث تشدد بمبادئها وأساليبها وأدواتها وإجراءاتها على توفير البيانات حول كل جوانب العمل ومجالاته ثم تفسيرها وتحليلها حتى يتم اتخاذ أنسب القرارات لتطوير وتحسين الأداء.

ويقدم رواد الإصلاح التعليمي حاليا تطبيق إدارة الجودة الشاملة في العديد من الإدارات في مختلف أنحاء العالم. ونظرا للطلب المتزايد على تطبيق إدارة الجودة الشاملة، سواء في المصنع أو المتجر أو المنظمات- فقد تم تصميم عدد من النماذج التى تلقى القبول على نطاق واسع من أجل الارتقاء بالجودة وتحسين الأداء، ومن بين أهم هذه النماذج:

- نموذج معايير إدارة الجودة الشاملة عند ديمنج.
- نموذج معايير إدارة الجودة الشاملة- الأيزو 9000.
- نموذج معايير إدارة الجودة الشاملة عند بالدريج.

سوف نعرض لكل من هذه النماذج الثلاثة معدلة حسب إمكانيات تطبيقها في المجالات التربوية المختلفة، وباختصار شديد بالنسبة للنموذجين الأول والثاني وبشيء من التفصيل بالنسبة للنموذج الثالث وذلك على النحو التالي:

معايير إدارة الجودة الشاملة عند ديمنج:

1- وضع أهداف ثابتة من أجل تحسين إعداد الموظف وتزويده بالخبرات العملية التي تعمل على تنمية شخصيته بشكل متكامل.

2- تبنى الإدارة لفلسفة جديدة تثير التحدي لكي يتعلم الموظف الجديد تحمل المسئولية والمبادرة.

3- عدم الاعتماد على نظام الدرجات فقط كأساس لتحديد مستوى الأداء.

4- توثيق الارتباط بين المراحل التدريبية المختلفة بهدف تحسين الأداء لدى الموظف خلال كل مرحلة وعند الانتقال من مرحلة لأخرى مع الاهتمام بتوفير سجل شامل لهذا الانتقال.

5- التحسين الدائم للخدمات التعليمية المقدمة في المحاضرات من أجل تحسين الأداء بشكل مستمر.

6- الاهتمام بالتدريب المستمر في مجال تحسين جودة الأداء لكل من الإداريين والعاملين.

7- الاهتمام بإيجاد القيادة الفعالة من أجل مساعدة العاملين على حسن استخدام التقنيات والإمكانيات لتحقيق أداء أفضل يساعد المتدرب على الابتكار والإبداع.

8- تجنب الشعور بالخوف حتى يتمكن كل فرد من أداء عمله في بيئة تتسم بالحرية وقادرة على مواجهة المشكلات.

9- كسر الحواجز بين الأقسام وتشكيل فرق العمل من مختلف الأقسام والإدارات بشكل تعاوني بناء.

10- التخلي عن ترديد الشعارات والنصائح المباشرة واستبدالها بالتحضير والحث بمختلف أساليبه.

11- تشجيع السلوك القيادي الفعال لدى الأفراد، النابع من دوافعهم الذاتية لتحسين الأداء.

12- تحسين وتفعيل العلاقات بين فرق العمل ككل بما يساعدهم على الاستمتاع بعملهم وزمالتهم لبعضهم البعض.

13- إنشاء برنامج متكامل للاهتمام بالتدريب والتعليم الذاتي من قبل كل فرد.

14- تدريب أفراد المجتمع على الاهتمام بإحداث عمليات التغيير اللازمة لتحقيق الجودة في مجالات العمل المختلفة باعتبار التغيير والسعي نحو الجودة مسئولية كل فرد في المجتمع.

معايير إدارة الجودة الشاملة عند بالدريج:

1- القيادة.

2- المعلومات وتحليلها.

3- التخطيط الاستراتيجي للجودة

4- إدارة وتطوير الموارد البشرية

5- إدارة جودة العمليات

6- النتائج الإجرائية للجودة

7- التركيز على رضا العميل

إطار عمل لمعايير إدارة الجودة الشاملة عند بالدريج

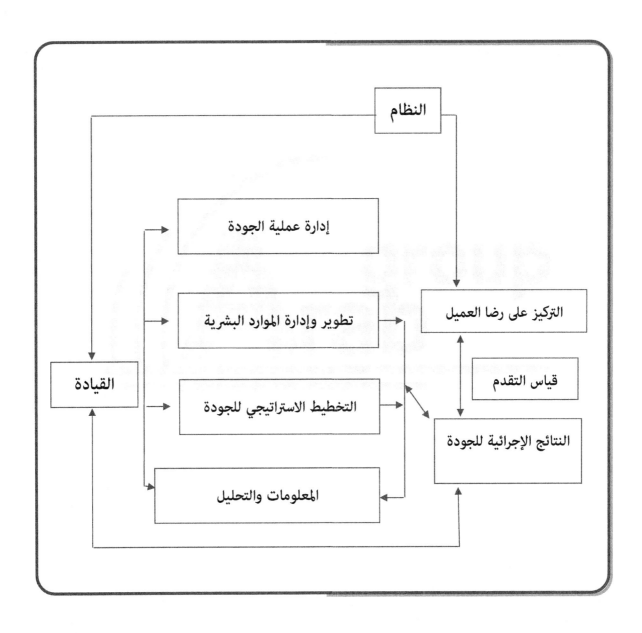

وسوف نعرض فيما يلي بعض المؤشرات الهامة والتي يمكن الاستناد إليها في الحكم على مدى

توفر أي من المعايير المشار إليها :

بعض مؤشرات معيار القيادة:

- تحدد التوجهات التي تساعد على التكيف مع احتياجات العمل المتغيرة وما فيه من فرص خلاقة.

- تحرص على تحسين مجمل الأداء وتنمية التعليم المستمر.

- تشرك كل العاملين في مواجهة التحدي الحالي لتعزيز قيمة العمل.

- تتحمل مسئولية كل ما هو أساسي في كل ما يتصل بالعمل.

- تستخدم التغذية الراجعة في مجمل الأداء المؤسسي.

- تمارس دورها في خدمة المجتمع والبيئة المحيطة بما يتناسب مع حجم المنظمة ومواردها.

- تدعيم وتثيب الأداء عالي المستوى استنادا إلى قياسات دقيقة للأداء.

بعض مؤشرات معيار المعلومات والتحليل:

- توجيه المنظمة بكل جوانب العمل فيها نحو استخدام معلومات الأداء بفعالية من أجل التحسن.

- وضع البيانات الأساسية في خدمة العمليات والتوجهات الإستراتيجية.

- نشر المعلومات والبيانات وتوفيرها لجميع العاملين لتيسير استخدامها لاحقا.

- الحرص على سرعة الحصول على المعلومات والتحقق من مصداقيتها وارتباطها بالاحتياجات.

- الاعتماد على تكنولوجيا المعلومات لتحقيق سرعة استجابتها لاحتياجات المنظمة المتغيرة.

- تقييم وتحسين العمليات الخاصة باختيار واستخدام المعلومات التنافسية لتحسين الأداء

- استخدام تحليل الأداء وتفهم ارتباطات السبب والنتيجة كأساس لتوجيه العمل واتخاذ القرارات.

- توفير نظام معلومات متكامل حول الجوانب المالية والإدارية بالمنظمة.

- تصميم نموذج الأداء الشامل في ضوء البيانات والمعلومات المتوفرة.

- التدريب المستمر على أساليب وفنيات وأدوات جمع البيانات وتحليلها.

بعض مؤشرات معيار التخطيط الاستراتيجي للجودة:

- التركيز على ما يحقق رضا العميل واستمراره والحفاظ عليه ودعمه.

- ضمان أن يؤدى تحسين الأداء الإجرائي إلى نمو في الإنتاجية وتنافسية في التكلفة على المدى القصير والطويل.

- تدعيم الكفاية التنافسية عن طريق بناء قدرة إجرائية تتضمن السرعة والاستجابة والمرونة

- مواجهة الفجوات بين بدائل التحسين والموارد المحدودة.

- جمع مختلف التحسينات الجارية والعمل على زيادتها وانتشارها في إطار دليل استراتيجي واضح.

- ترتيب الأولويات في ضوء التكلفة وتوفر الموارد.

- توفير المعلومات المتصلة بالبيئة التنافسية والتعامل معها بنظرة طويلة المدى.

- عرض مقاييس ومؤشرات الأداء مع تغييرها استجابة لظروف العمل.

- أخذ معدلات التحسين والتغيير الخاصة بالمتنافسين في الاعتبار.

بعض مؤشرات معيار إدارة وتنمية الموارد البشرية:

- تشجيع جميع العاملين وتمكينهم من الإسهام في مختلف جوانب العمل المؤسسي.

- تنمية معارف ومهارات العاملين وزيادة قدراتهم على التكيف للتغير.

- تدفق وانسيابية المعلومات التي تدعم تصميمات الوظيفة والعمل المتمركز حول الطالب.

- إشراك العاملين في اتخاذ القرارات تدعيما للمرونة والابتكارية وسرعة الاستجابة.

- إيجاد وسط محفز يتمتع بالثقة والالتزام المتبادل والاتصال الفعال بين الوظائف المختلفة.

- مسايرة حوافز العاملين مع إنجازاتهم لأهداف المنظمة.

- مشاركة العاملين مع المديرين في تصميم التدريب وتحديث احتياجاته.

- التركيز على إطلاع العاملين على البيانات الأساسية للعمل ومشكلاته وكيفية التعامل معها.

- إيجاد مناخ متوائم مع تنشيط الدافعية والسعي نحو مستويات الأداء.

- تشجيع اتصال العاملين ببعضهم البعض وبينهم والأطراف ذات الصلة من خارج المنظمة.

بعض مؤشرات معيار إدارة جودة العمليات:

- التكيف بسرعة وفعالية للمتطلبات المتغيرة.

- تقييم وتحسين عمليات التصميم من أجل إنجاز أفضل أداء.

- تحديد النقاط الحاسمة بالنسبة للملاحظة والقياس.

- تحديد مستويات الأداء والاسترشاد بها في تصحيح ما قد ينحرف عن الأداء المتوقع.

- أخذ الفروق بين الأفراد في الاعتبار عند تقييم الأداء.

- تنويع أسس ومداخل وأساليب تحسين التشغيل.

- وضع بيانات التمويل في الاعتبار عند تقييم بدائل وأولويات تحسين التشغيل.

- تحسين وتقييم عمليات الدعم الأساسية مع الحفاظ عليها والتنسيق فيما بينها.

- وضع المعايير المناسبة لاختيار المشاركين للوصول إلى أفضل أداء ممكن.

- العمل على تحسين قدرات المشاركين وتحديد المستوى المناسب للوفاء بمتطلباتهم.

بعض مؤشرات معيار الجودة والنتائج الإجرائية:

- استخدام البيانات والمعلومات المعبرة عن رضا أو عدم رضا المستفيدين.

- تعديل أداء المنظمة في ضوء وجهات نظر المستفيدين.

- مقارنة نتائج المنظمة في إطار المنافسين لها وغيرهم من مقاييس الأداء الخارجية.

- الربط بين المقاييس والمؤشرات المستخدمة والموارد الأساسية المتوفرة للمنظمة.

- تشجيع استخدام مقاييس متنوعة للعمل على تطوير مسارات الأداء في ضوء نتائجها.

- تحليل النتائج التي تكشف عنها مقاييس أداء التشغيل والتنبؤ بتأثيرها على رضا المستفيدين.

- تحليل نتائج فاعلية الإنتاج في ضوء الشروط الأساسية التي تهم المستفيدين.

- إيضاح الارتباط الإيجابي بين النتائج ومؤشرات السوق.

- تحديد ونشر وإعلان عوامل التمايز في شروط المستفيدين والمنتجات والخدمات.

- تقديم تقارير منتظمة تشمل مقارنة المعلومات في ضوء المنافسة ومقاييس الأداء الخارجة.

بعض مؤشرات معيار التركيز على المستفيد ورضاه:

- تحديد متطلبات وتوقعات المستفيد الظاهرة.

- توفير المعلومات الخاصة بالمستفيد لجميع العاملين في المنظمة.

- استخدام مجموعة متنوعة من استراتيجيات الاستماع والتعلم للتعرف على احتياجات المستفيد.

- العمل على بناء مشاركة فعالة وعلاقات طويلة المدى مع المستفيد.

- استخدام مصادر موثوقة وعملية التعرف على متطلبات المستفيدين مثل التغذية الراجعة والشكاوى.

- سرعة إنجاز الحلول الوقتية الفعالة للمشكلات حرصا على استعادة ثقة المستفيد.

- توفير المعلومات الخاصة بالشكاوى وتقييمها واستخدامها في كل جوانب العمل.

- تحديد العوامل التي تعكس أفضل سلوكيات تجاه المستفيد.

- تفهم العوامل التي تحرك المنظمة تجاه المنافسين والاستناد للمعلومات في تحسين الأداء التنافسي.

- ضمان تمشى العلاقة مع المستفيد مع الواقع وحاجات المنظمة المتغيرة.

- الخطوات الإجرائية لتطبيق معايير إدارة الجودة الشاملة في المجال الإداري

لتطبيق إدارة الجودة الشاملة ومعاييرها، هناك نموذجان يتكون أولهما من خمس خطوات إجرائية يمكن الالتزام بها في ضوء ظروف كل مؤسسة وذلك يتضح من خلال الشكل التالي:

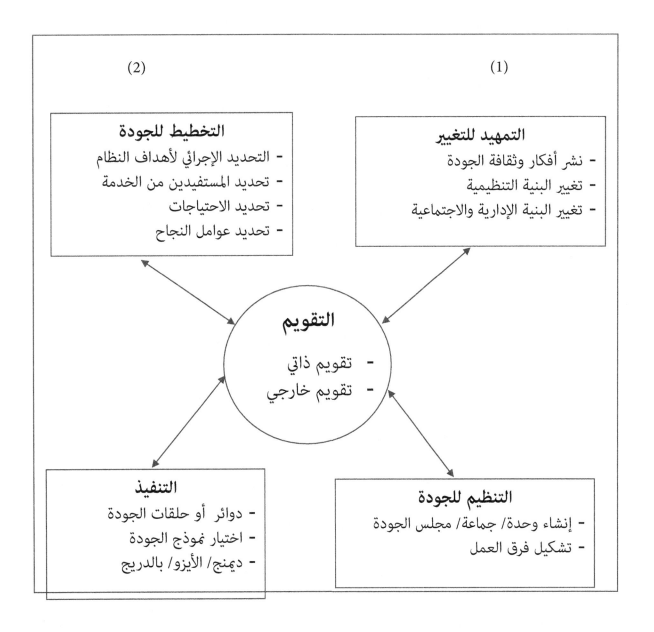

ما المقصود بالتدريب الإستراتيجي:

التدريب الاستراتيجي هو عملية التنمية والتطوير الشامل والمتكامل والمستمر المبني على أساس مخطط له إستراتيجيا مع توضيح الرؤية والرسالة والقيمة والعائد من عملية التدريب والتطوير من خلال عدة معطيات وأدوات إستراتيجية من القيم والاتجاهات والمعرفة والتقنيات والخبرات والمهارات التي تتفاعل وتتكامل وتشكل المصدر الأساسي لأفكار وسلوك وأداء وإنجاز الفرد، والوصول إلى أسس إستراتيجية كنموذج فعال لبناء الجدارات الوظيفية في كل أنحاء المنظمة المتعلمة، ولتحقيق الأهداف التنظيمية الإستراتيجية.

إستراتيجية التدريب الموجه بالأداء:

من تعريف التدريب العام أنه صقل المهارات ، الخبرات ، المعلومات بتفاعل المدربين وأدوات التدريب والمتدربين ، أما التدريب الموجه بالأداء فهو تدريب يجب أن يؤثر في أداء العاملين أن التدريب يتفق مع حاجات العمل في المنظمة وهذا ما يميزه عن التدريب العام حيث يجب التعاون الإيجابي بين مشرفي الأقسام ورؤساء الأقسام ومديري الإدارات وبين المدربين لوضع النقاط الهامة فقط التي يجب التدريب عليها والتي تعتبر بمثابة عجلة التقدم الدافعة للأداء الحالي وتوصيله للأداء المرغوب فيها يخص نشاط المنظمة ذاته.

ويعنى مصطلح الأداء النتائج الفعلية، أو ما يقوم به الفرد من أعمال، وهو التفاعل بين السلوك والنتائج أو الإنجاز، أما السلوك Behavior فيعنى طريقة أداء الفرد للعمل، أما الإنجاز Accomplishment فيعنى ما يبقى من أثر أو من نتائج بعد توقف الفرد عن العمل أي أنه الناتج (Outcome 35) وعلى ذلك فالتدريب الموجه بالأداء هو تدريب غير تقليدي يعتمد بصفة أساسية على أداء الفرد، ولذلك فهو يجب أن يؤثر في أداء العاملين ويتفق وحاجات المؤسسة، وبناء على ذلك فإنه من الممكن صياغة التدريب المبنى على الأداء في صورة المعادلة التالية:

(الأداء المعياري - الأداء الحالي = فجوة الأداء التي يمكن تجاوزها بالتدريب)

الأهمية والأهداف من التدريب الموجه بالأداء:

عند تركيز التدريب على متطلبات الوظائف ومحاولة سد الفجوة في الأداء الخاص لكل وظيفة بها قصور في الأداء الحالي ولا يتماشى مع الأداء المعياري - تبرز أهمية التدريب الموجه بالأداء نظرا لأنه ليس بتدريب عام تقليدي ولكنه تدريب مسلط على مشاكل بعينها، ومواضيع خاصة لمنظمة محدده ، ولنشاط محدد.

وعند حل هذه المشاكل بالتدريب لا محالة أنها تؤدى إلى رفع كفاءة العاملين وزيادة معدلات أدائهم، الأمر الذي يؤدى إلى النهوض بالمنظمة ككيان واحد متكامل وهذا هو الهدف من التدريب الموجه للأداء.

لذلك يجب دراسة الاحتياجات التدريبية بدراسة ما يجب أن يكون عليه الفرد من مهارات وخبرات ومعلومات يتم تحديدها وعلى أهداف المنظمة الحالية والمستقبلية ومدى قدرة الأفراد الحالية على تحقيق هذه الأهداف وما هذه التغيرات المطلوبة في أداء الأفراد للوصول إلى الأداء المرغوب الذي يحقق أهداف المنظمة هذا ما نطلق علية الاحتياجات ، وتتمثل هذه الاحتياجات في المعادلة الآتية:

الأداء الحالي + الاحتياجات التدريبية = الأداء المعياري.

تتمثل الاحتياجات التدريبية في إحدى النقاط التالية أو أكثر وهذه النقاط هي:

- رفع مستوى ومعدلات الأداء الحالية (لنفس الوظائف).

- رفع مستوى معدلات الأداء في وظائف أعلى.

- رفع مستوى معدلات الأداء للعاملين الجدد.

- وتتحدد الاحتياجات التدريبية من خلال التوصيف الوظيفي لكافة الوظائف القائمة بالمنظمة من تحديد واجبات وقدرات وخبرات.

الخطوات الأساسية في التدريب الموجه بالأداء:

يمثل التدريب الموجه بالأداء نموذجاً متكاملاً يتضمن مجموعة من الخطوات الأساسية، التي يظهر من خلالها الترابط العضوي بين الأداء واحتياجات العاملين التدريبية واحتياجات المنظمة ذاتها، هذه الخطوات هي:

1- **تحليل المنظمة:** وفيه تتم دراسة أهداف المنظمة، والمشكلات التي تتعرض لها، وتحليل عمل وقوته، وتحليل الوظائف المطلوبة لتحقيق الأهداف، ثم وضع مؤشرات الأداء المعياري، ثم تحليل الأفراد ودراسة أدائهم.

2- **تقدير الاحتياج التدريبي:** وهو الفجوة بين الأداء المتوقع والأداء الفعلي، شريطة أن تكون هذه الفجوة يمكن معالجتها بالتدريب أو يمكن أن يساهم التدريب في حلها.

3- **التخطيط للتدريب:** وتشمل هذه العملية وضع الأهداف التدريبية وتقدير سبل تلبيتها.

4- **التنفيذ:** وهنا يتم تنفيذ ما تم تخطيطه فعلياً على أرض الواقع.

5- **التقييم والمتابعة:** حيث يتم تقييم العملية التدريبية أثناء انعقادها وفي نهايتها ثم قياس أثر التدريب في العمل بعد انتهاء التدريب.

التدريب المبني على القدرات:

القدرة تعني الاستطاعة على إنجاز العمل أو تأديته على أفضل وجه ممكن، على أنها الجدارة والقدرة على الأداء الصحيح من قبل العاملين وفقاً للمعايير، وهنا أهمية خاصة بالقدرات الخاصة والسمات الشخصية والظروف ذات التأثير في الأداء.

فالتدريب المبني على القدرات هو "عملية منظمة ومستمرة مرتبطة بالتوجه الاستراتيجي للمنظمة ومحورها الفرد وهدفها إكسابه المهارات والمعارف واتجاهات تؤدى إلى تغيرات سلوكية وفنية وذهنية تؤدى إلى الأداء المتميز".

يتبين مما سبق أن التدريب المبني على الأداء يسعى لسد الفجوة بين الأداء الفعلي والأداء المعياري أو المستهدف، بينما يسعى التدريب المبني على القدرات لإكساب الفرد بالمعارف والمهارات والقدرات اللازمة لجعل أدائه مميزاً.

الخطوات الأساسية في التدريب المعتمد على القدرات:

في التدريب المبني على القدرات لكي نحدد الاحتياجات التدريبية علينا أولاً بناء نموذج للقدرات، هذا النموذج يتكون من شقين أساسيين هما:

المعارف والمهارات، ولكي نحص على هذا النموذج علينا في البداية تقدير مؤشرات الأداء المعياري، ثم اختيار عينتين من العاملين تمثل الأولى الأداء الأعلى وتمثل الثانية الأداء المنخفض ويقوم فريق من الخبراء بدراسة أسباب الإخفاق في الأداء وفي الوقت ذاته تتم دراسة القدرات التي تتطلبها الوظائف المختلفة ويتم استخدام أساليب جمع البيانات الملائمة، وفي النهاية نحصل على نموذج للقدرات يستخدم في تقدير الاحتياجات التدريبية للعاملين، ثم تسير خطوات العملية التدريبية خطواتها المعتادة.

المعطيات التي يقدمها التدريب الإستراتيجي:

هي مجموعه من المعطيات والأدوات التي تتفاعل وتتكامل وتشكل المصدر الأساسي لأفكار وسلوك وأداء وإنجاز الفرد وهى:

- القيم.
- المعارف.
- المهارات.
- الخبرات.
- التقنيات.
- الاتجاهات.

أولا: القيم:

هي المعتقدات والاتجاهات والميول والأفكار التي يؤمن بها الفرد ويعتقد بصحتها ويتبناها وتمثل المصدر الأساسي لكل ما يصدر عنه من مشاعر وأحاسيس وعواطف وأفكار أقوال وأعمال وإنجازات (سلوكيات).

ثانيا: المعارف (المعلومات):

ويعنى بها الحصول من خلال التدريب على معلومات وأفكار جديدة واستيعابها بشكل عميق إلى الدرجة التي يستطيع فيها الفرد التعبير عنها شفاهية أو كتابتا كما تكون لديه القدرة على الاستفادة منها (وتعرف أهداف التدريب التي تؤدى لتحقيق ذلك بالأهداف المعرفية).

ثالثا: المهارات:

هي القدرة العملية على تطبيق وتنفيذ القيم والمعارف بشكل صحيح ، وتنقسم إلى مهارات عقلية وحركية وفنية ورياضية واجتماعية وعاطفية.. الخ. وتعنى زيادة القدرة على اكتساب وسائل جديدة واستخدام الوسائل المتاحة بشكل أكثر فاعليه وتحتاج عمليات اكتساب المهارات الجديدة والتطوير الموجود منها لتوافر عاملين أساسيين هما الموقف التدريبي وتوافر فرصه مناسبة.

ويمكن الإشارة إلى المهارة بأنها القدرة على الانتقال من المتاح إلى الممكن حيث أن المتاح يعبر عن الممارسات المعتادة التي تعود عليها الفرد أما الممكن فهو يعنى قدره الفرد على استثمار ما لديه من طاقات كامنة وما حولها من موارد غير مستغلة بشكل جزئي وكلى للوصول إلى أداء أفضل، وتعرف الأهداف التدريبية التي تؤدى لتحقيق المهارات المطلوبة بالأهداف المهارية.

رابعا: الخبرات:

هي الوصايا العملية التي استخلصها أو تعلمها الآخرون عند تطبيقهم للمهارات المختلفة (أشخاص سابقين أو حاليين) وهذه الخبرات المستنتجة إما لأشخاص ناجحين أو غير ناجحين وكذلك لمواقف صحيحة أو غير صحيحة.

خامسا:التقنيات:

طرق استخدام وتفعيل وسائل وأدوات التكنولوجيا الحديثة وتطبيقاتها في مجال العمل.

سادسا:الاتجاهات:

وتعنى رغبات وميول الفرد تجاه عملية وموضوع التدريب، وتؤثر الاتجاهات على نزعات الفرد في التصرف نحو الأشياء أو الأشخاص أو المواقف بطرق معينه وتساعد الاتجاهات على تكوين مسلك ذهني أو عاده

فكرية (سلبية أو ايجابية) تجاهها وهذا يتطلب محو قيم واتجاهات قديمة قبل تثبيت الاتجاهات الجديدة وفي هذه الحالة لا تكفي المعرفة وحدها ولكن يجب أن تكون مشاركة المستهدفين كبيرة في العملية التدريبية حتى يمكنهم أن يتبنوا الاحتياجات الجديدة.

كما يقوم التدريب الإستراتيجي بدور كبير لمعالجة الكثير من جوانب الضعف والقصور منها:

- تدريب الأفراد بهدف رفع إنتاجيتهم.

- تنمية معارفهم ومهاراتهم وقدراتهم.

- إيجاد علاقة بين المنظمة والأفراد العاملين فيها.

- تخطيط القوى العاملة وتنميتها.

- تحسين بيئة العمل في المنظمة.

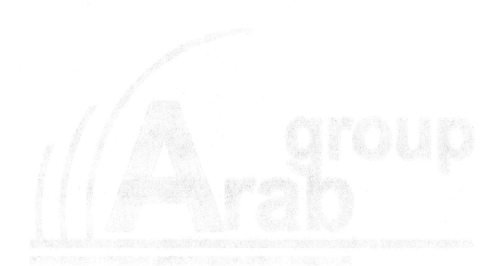

الوحدة الثالثة

ماهية دوافع العمل وأهميتها للعاملين؟

في هذه الوحدة نطرح سؤلا مهما وهو "لماذا يعمل الناس؟" ولماذا يقبل بعضهم على عمله بشغف ونفس راضيه؟ بينما يؤديه البعض الآخر نفس العمل وهم كارهين متثاقلين؟ ولماذا يفضل البعض هذه الوظيفة دون الأخرى، وفى هذا المصنع أو الورشة أو القسم دون غيره وتحت إشراف هذا المدير بالذات، ومع هؤلاء الزملاء دون غيرهم؟ هل تشبع الحوافز التي تقدمها الإدارة للعاملين في صور متنوعة مادية ومعنوية واجتماعية وغيرها الحاجات التي توجد عندهم... ما هي هذه الحاجات وما ترتيبها ودرجة أهميتها وضرورة إشباعها، ومعدل تغيرها؟ كل هذه الأسئلة وعشرات غيرها تتعلق بدافعيه الأفراد.

ما المقصود بالدافعية؟

الدافعية هي القوة الذاتية التي تحرك سلوك الفرد وتوجهه نحو تحقيق غاية معينة يشعر بالحاجة إليها أو بأهميتها المادية أو المعنوية بالنسبة له،

وهي عملية مركبة أو معقدة لأنها تشمل تفهم الدوافع التي توجد عند الفرد، والتعرف على الحوافز التي يمكن أن تقابل هذه الدوافع وتشبعها، وملاحظة تحرك السلوك في الوجهة المطلوبة لتحقيق الهدف، وما ينتج عن ذلك من إشباع ورضا أو حرمان وإحباط، وما يتبعه من سلوك دفاعي وأثر كل ذلك على اتجاهات الفرد وسلوكه في المستقبل وهى كذلك عملية مستمرة لأن دورة السلوك عند الفرد متصلة ولأن دوافعه تتجدد وتتغير وتستمر، وهو دائم البحث عن إشباعها.

ويعبر الدافع عن حاجة ناقصة يريد الفرد أن يكملها لذلك يسيطر عليه شعور بعدم الرضا حتى يتمكن من سد الحاجة بالدرجة التي يراها كافيه أو مرضيه. عندئذ يزول هذا الشعور ويحل محله رضا واطمئنان، ويتوقف الفرد عن السعي لإشباع هذه الحاجة حتى تستجد مرة أخرى، ينصرف إلى سد غيرها من الحاجات.

أما إذا لم تشبع الحاجة فان القلق يظل موجودا، وربما يزيد عما كان عليه ويتحول إلى إحباط وما يصاحب ذلك من مشكلات نفسيه قد تزول سريعا وقد تستمر لفترة زمنية معينة، وما يترتب على ذلك من استخدام الوسائل الدفاعية التي عددناها. وقد يحدث أن تشبع الحاجة التي يريدها الفرد بدرجه أقل مما يراه مناسبا أو كافيا. وهنا ينخفض القلق ولكنه لا يختفي ويتحقق للفرد شعور بالرضا ولكن بدرجه قليلة، ومن جهة أخرى فقد يتجاوز إشباع الحاجة توقعات

الفرد أحيانا، مثلا إذا توقع عامل مكافأة معينة وفوجئ بأنه حصل على مكافأة أعلى فوقتها ترتفع

درجة رضاه إلى الحد الأعلى وربما أثر ذلك على توقعاته فيما بعد فيضع مستويا عاليا لإشباع حاجاته

ماذا يريد العاملون.. ؟

عنيت دراسات وبحوث كثيرة بالحاجات التي يريد العاملون إشباعها في وظائفهم وتشير بحوث

الدافعية – والتي كان لهيرزبرج بنظريته عن العوامل الدافعة والصحية نصيب كبير في انتشارها وتوجيهها

إلى العديد من الشركات والأجهزة والمؤسسات، ومن الحاجات التي ينشغل العاملون بإشباعها على

اختلاف أنواعها وأهميتها ودرجات تأثيرها على الموظف والعمل ككل ما يلي:

وهذه المجموعات هي:

- إيجاد عمل جيد يتناسب مع قدراتهم ومهاراتهم.

- الشعور بالأمان الوظيفي.

- توفير الآلات والمعدات الحديث التي تساعد على الإنجاز.

- أن يكون الأجر مناسب بالنسبة لنوع الوظيفة والعمل المؤدى.

- توفير ظروف عمل جيدة كالاهتمام (بالإضاءة والتهوية والمكان).

- الإشراف الجيد والنقد البناء.

- تفهم العمل وتحمل المسؤولية.

- تنمية المهارات وتوفير المعلومات المناسبة.

- أن يكون بين فريق العمل نوع من الانسجام والتفاهم.

- أن يتم تقييم الأداء بموضوعية.

- أن يكون هناك عدالة في نظام التأديب والانضباط.

- ألا يتم العمل تحت ضغوط وإنما يتم بالتحفيز

- فتح مجالات ومشروعات جديدة.

- الحافز المادي والمعنوي.

أهمية الرضا الوظيفي وأثره على الإنتاج:

يعتبر الرضا الوظيفي أحد الموضوعات التي حظيت باهتمام الكثير من علماء النفس وذلك لأن معظم الأفراد يقضون جزءاً كبيراً من حياتهم في العمل وبالتالي من الأهمية أن يبحثوا عن الرضا الوظيفي ودوره في حياتهم الشخصية والمهنية، كما أن هناك وجهة نظر مفادها أن الرضا الوظيفي قد يؤدي إلى زيادة الإنتاجية ويترتب عليه الفائدة بالنسبة للمؤسسات والعاملين مما زاد من أهمية دراسة هذا الموضوع.

وبالتالي كثرت البحوث والدراسات في مجال علم النفس الإداري حول موضوع الرضا الوظيفي وكشفت بعض نتائج البحوث النقاب عن أن الأفراد الراضين وظيفياً يعيشون حياة أطول من الأفراد غير الراضين وهم أقل عرضة للقلق النفسي وأكثر تقديرا للذات وأكبر قدرة على التكيف الاجتماعي ويؤكد البعض إلى أن هناك علاقة وثيقة بين الرضا عن الحياة والرضا الوظيفي، أي بمعنى أن الراضين وظيفيا راضين عن حياتهم والعكس صحيح.

ومن المسلم به أن لرضا الأفراد أهمية كبيرة حيث يعتبر في الأغلب مقياسا لمدى فاعلية الأداء، إذا كان رضا الأفراد الكلي مرتفعا فإن ذلك سيؤدي إلى نتائج مرغوب فيها تضاهي تلك التي تنويها المنظمة عندما تقوم برفع أجور عملها أو بتطبيق برنامج للمكافآت التشجيعية أو نظام الخدمات، ومن ناحية أخرى فإن عدم الرضا يسهم في التغيب عن العمل وإلى كثرة حوادث العمل والتأخر عنه وترك العاملين المؤسسات التي يعملون بها والانتقال إلى مؤسسات أخرى ويؤدي إلى تفاقم المشكلات العمالية وزيادة شكاوى العمال من أوضاع العمل وتوجيههم لإنشاء اتحادات عمالية للدفاع عن مصالحهم كما أنه يتولد عن عدم الرضا مناخ تنظيمي غير صحي.

وقد ذكر "ليكرت" أنه يصعب تحقيق مستوى إنتاج رفيع على مدى طويل من الزمن في ظل عدم الرضا، كما أشار إلى أن الجمع بين زيادة

الإنتاج وعدم الرضا في آن واحد لا بد أن يؤدي إلى تسرب العناصر الرفيعة المستوى في المنظمة إضافة إلى تدني مستوى منتجاتها ومن ثم فإن ثمة نوعا من الاتفاق بأن من أوضح الدلالات على تدني ظروف العمل في منظمة ما يتمثل في انخفاض مستوى الرضا لدى العاملين.

الأسباب الداعية إلى الاهتمام بالرضا الوظيفي:

- أن ارتفاع درجة الرضا الوظيفي يؤدي إلى انخفاض نسبة غياب الموظفين.

- أن ارتفاع مستوى الرضا الوظيفي يؤدي إلى ارتفاع مستوى الطموح لدى الموظفين في المؤسسات المختلفة.

- أن الأفراد ذوي درجات الرضا الوظيفي المرتفع يكونون أكثر رضا عن وقت فراغهم وخاصة مع عائلاتهم وكذلك أكثر رضا عن الحياة بصفة عامة.

- أن الموظفين الأكثر رضا عن عملهم يكنون أقل عرضة لحوادث العمل.

- هناك علاقة وثيقة ما بين الرضا الوظيفي والإنتاج في العمل فكلما كان هناك درجة عالية من الرضا أدى ذلك إلى زيادة الإنتاج.

وعموما يعتبر الرضا الوظيفي للموظفين من أهم مؤشرات الصحة والعافية للدائرة ومدى فاعليتها على افتراض أن الدائرة التي لا يشعر الموظفون فيها بالرضا سيكون حظها قليل من النجاح مقارنة بالتي يشعر فيها الموظفون بالرضا، مع ملاحظة أن الموظف الراضي عن عمله هو أكثر استعداد للاستمرار بوظيفته وتحقيق أهداف المنظمة كما أنه يكون أكثر نشاطاً وحماساً في العمل وأهم ما يميز أهمية دراسة الرضا الوظيفي أنه يتناول مشاعر الإنسان إزاء العمل الذي يؤديه والبيئة المحيطة به.

ربط المسار الوظيفي بالتدريب:

إن رصد وتحليل الاحتياجات التدريبية وعلاقتها بالمسار الوظيفي والتدريبي للعاملين في المؤسسات الحكومية هو الهدف الأساسي لتحقيق رؤية وظيفية واضحة لجهات العمل والعاملين ممن يتلقون تدريباً أثناء الخدمة إضافة إلى ربط التدريب بمسارات وظيفية مستقبلية للعاملين أنه الأمر الذي يساعد على تحقيق عائد وأثر إيجابي متوقع من العملية التدريبية بما ينعكس إيجابياً على تطوير أداء العاملين وكفاءة العمل بتلك المؤسسات وأيضاً عملية تحديد الاحتياجات التدريبية والمسارات الوظيفية والتدريبية بشكل علمي ومنهجي هو الذي له أهمية بربط العلاقة بين التدريب والمسار الوظيفي.

لأن التدريب يعتني بتطوير قدرات المتدربين وإكسابهم مهارات ومعارف جديدة تنعكس ايجابياً عليهم وعلى المنظمات التي يعملون فيها، جاءت الفكرة نحو تنظيمه في المنظمات ضمن إطار مؤسسي يعرف بـ "المسار التدريبي للأفراد" والهدف هو:

- ترسيخ أهمية وقيمة التدريب في حياة المنظمة لدى مراكز القرار من خلال وثيقة "المسار التدريبي للأفراد"، للاستفادة من الطاقات الكامنة لدى جميع أفراد المنظمة، للنهوض والارتقاء بالمنظمة وكادرها. ولذلك فإن التدريب موجه لجميع العاملين على مختلف مستوياتهم التنظيمية وضمن الحد الأدنى المقبول.

- ترسيخ أهمية وقيمة التدريب لدى العاملين في المنظمة بغض النظر عن تفاوت مستوى تأييد التدريب بينهم.

- يلزم المسار التدريبي الموظفين/ الأفراد المستهترين إلى المشاركة وعدم التهرب من التدريب، ويساعدهم التدريب على تغيير نمط تفكيرهم نحو الايجابية بدلا من السلبية.

- يساعد المسار التدريبي العامل/الموظف الخجول أن يشارك في التدريب لتطوير نفسه من دون أن يطلب.

- يساعد المسار التدريبي الموظفين/ الأفراد الذين ينسون أنفسهم في غمرة العمل على تجديد معلوماتهم وتنشيطها وتطوير أنفسهم.

- ومن منافع المسار التدريبي، انه لكونه موجه نحو كافة أفراد المنظمة ومرتبط بالمسميات الوظيفية لا بالأشخاص، فأنه يمنع المحاباة ويعزز قيم العدالة في التدريب، ويحقق درجة من الرضا الوظيفي تساعد على منع الشللية ضد القائمين على التدريب أو الإدارة في هذا الجانب.

- العامل الإنساني: إن تطوير قدرات ومهارات ومعارف العامل/الموظف من خلال التدريب له انعكاسات ايجابية على:

أ -   البيئة المحيطة به (الزوجة، الأبناء، الإخوة، الأصدقاء، الجيران).

ب-   تعزيز مكانته الاجتماعية بالمهارات والمعارف والإمكانات التي استفادتها من التدريب.

الأسس العملية لعمليات التحفيز:

أهمية رفع الروح المعنوية:

أثبتت الدراسات أن قوة المشروع الحقيقية تكمن في أفراده أكثر مما تكمن في نظمه أو إجراءاته أو أصوله وموارده،، إن المشروع القادر علي رفع الروح المعنوية للأفراد يكون أكثر قدرة علي تدعيم مركزه التنافسي ومقابلة التحديات وتنمية روح الإنجاز وتطوير الأداء.

وتختص وظيفة التوجيه أساسا بإدارة السلوك البشري وتنمية التعاون الاختياري بين العاملين لتحقيق أهدافهم وأهداف المنظمة. وتعتبر تنمية الروح المعنوية لفريق العمل من أهم عناصر عملية التوجيه التي يقوم بها قائد الفريق، وهي ركيزة أساسية للتوجيه الفعال بجانب ركيزتي الاتصال والقيادة.

تعريف الروح المعنوية:

الروح المعنوية هي قدرة الفريق علي التكاتف بإصرار ومثابرة وثبات من أجل تحقيق هدف مشترك.

ومن هذا التعريف نري أن الروح المعنوية ترتبط بعوامل أساسية هي:

- أن يكون لدى أعضاء الفريق ثقة كبيرة في الهدف.

- أن يثق أعضاء الفريق في القيادة.

- أن يثق أعضاء الفريق في بعضهم البعض.

- أن تتوفر الكفاءة التنظيمية للفريق.

- الحالة العاطفية والنفسية والذهنية لأعضاء المجموعة.

وفي كثير من الحالات يكون من الصعب تحقيق نسب عالية لهذه العوامل مجتمعة، إلا أنه لا يلزم لرفع الروح المعنوية للفريق اكتمال هذه العناصر، كما أن انخفاض أحدها لا يؤدي بالضرورة إلى انخفاض الروح المعنوية الكلية.

ومن العوامل المؤثرة في رفع الروح المعنوية ما يلي:

1- تنوع المهارات:

وهو تعدد الأنشطة والمهارات اللازمة لأداء الوظيفة، فالموظف لا يحبذ الوظيفة ذات المهارات المحدودة كأن تكون مهمته مثلا ملأ استمارة العميل، وعلي العكس فإن الوظيفة التي تشمل مهارات متعددة مثل مهارات الاتصال، مع مهارات الحاسب، مع مهارات التحليل تكون أكبر أثرا في رفع الروح المعنوية.

2- هوية الوظيفة:

وهو أن تكون الوظيفة مؤدية إلى إتمام جزء كامل ومحدد من العمل.

3- أهمية ومغزى الوظيفة:

يجب أن يتفهم الموظف أو عضو الفريق العمل أهمية العمل الذي يقوم به كجزء من العمل الكلي الذي تقوم به المنظمة، وكذلك تأثير هذا العمل علي العملاء أو المستفيدين من عمل المنظمة.

4- الاستقلالية:

يجب أن تحتوي الوظيفة علي قدر من التفويض في اتخاذ القرار فيما يتعلق بتنفيذ الأهداف، بما يمكنهم من الابتكار والشعور بالذاتية.

5- التغذية المرتدة:

أن تكون أداء مهام العمل مرتبطة بالحصول علي قدر من المعلومات عن كفاءة وفاعلية الأداء.

وبناء عليه يمكن أن تقوم القيادة بالتدخل لرفع الروح المعنوية بعدة أساليب إذا دعت الحاجة، مثل تدوير العمل، وتوسيع المهام، إثراء الوظيفة.

ويكون ذلك عن طريق تجميع للمهام، أو خلق وحدات للعمل حسب طبيعة كل عمل، أو إقامة علاقات أقوي مع العملاء، أو الإثراء الرأسي ببعض المهام القيادية، أو فتح قنوات للتغذية المرتدة.

هل التحفيز ضروري لرفع أداء العاملين؟

إن عملية الأداء ترتبط بعدة عوامل هي القدرة والمعرفة والرغبة، أي يجب أن يكون الفرد قادرا علي أداء المهمة، عارفا بكيفية القيام بها، راغبا في أدائها، وهذا يرجع لإدارة التدريب حيث أنها تقوم بتنمية قدراته ومعارفه، ثم تحفيزه لزيادة الرغبة في الأداء.

ماهية التحفيز:

يمكن تعريف التحفيز بأنه تنمية الرغبة في بذل مستوي أعلي من الجهود بهدف تحقيق أهداف المؤسسة بكفاءة وفعالية علي أن تؤدي هذه الجهود إلى إشباع بعض الاحتياجات لدي الأفراد.

ومن هذا التعريف نري أن التحفيز هو عملية تتعلق أساسا بثلاث عناصر: بذل الجهود، والأهداف، واحتياجات الأفراد. فإذا تم تحفيز الفرد، فإنه يكون مستعدا لبذل المزيد من الجهد، ولكن هذا الجهد لا يكون إيجابيا وفعالا إلا إذا تم توجيهه كما وكيفا لخدمة أهداف المؤسسة.

إرشاد الموظفين..أساليب ومهارات:

الإرشاد مهارة أساسية لكل مدير، فالوقت الذي تمضيه في الإرشاد سيقود إلى تحسين الأداء إذا

اتبعت المبادئ التالية:

1- المرشدون الجيدون يدربون الموظفين على أداء مهامهم بالطريقة الصحيحة باستمرار بالرغم من أن

معظم الإرشاد يتم في النواحي الفنية للوظيفة، إلا أنه يمكنك إرشاد الموظفين لتطوير مهاراتهم

الشخصية ومهارات فريقهم.

2- اجمع الناس يومياً، جماعة أو أفراداً، للتوصل إلى اتفاق حول ما هو متوقع منهم.

3- استعمل الوسائل التالية لمساعدة الموظفين في تحقيق أهدافهم:

أ - **التعلم الوظيفي:** حدد المهارات التي تتوقع من الآخرين استعمالها.

ب- **النصح:** ساعد زملاءك في إيجاد حلول عن طريق اكتشاف الذات خطوة بخطوة.

ج- **التدريب:** ارفع من مهارات زملائك بتوضيح ما تريدهم أن يفعلوه موضحاً لهم كيف يعملونه،

واسمح لهم أن يحاولوا ذلك وأنت تراقبهم، ثم إعطائهم تغذية راجعة عن أدائهم.

د- **المجابهة:** دع زملائك يعملون متى يكون أداؤهم أقل من التوقعات المتفق عليها.

4- إذا فشل زملاءك في القيام بالعمل بالطريقة الصحيحة، فوضح لهم ذلك مرة ثانية. اسألهم ليؤكدوا لك فهمهم للمهمة ودعهم يبرهنون ذلك بتوضيح كيف يقومون بالأداء عملياً.

5- إذا لم يتطور الزملاء بعد عدة محاولات، فقرر إذا ما كان السبب هو احتياجهم إلى المزيد من القدرات أم عدمها. إذا كان السبب هو عدم القدرات، فانقل الشخص إلى وظيفة أخرى تناسب مهاراته. أما إذا كان السبب هو اتجاه الفرد، فحدد السبب والحل. إذا لم ينجح ذلك - وأقلية بسيطة لا تستجيب - فوقع عليها العقوبات، وربما الفصل.

6- أعط الناس تغذية راجعة باستمرار. وكلما سمحت الظروف قم بقياس أدائهم حتى يكونوا على بينة إذا كان أداؤهم في تحسن أم في تراجع.

7- مع تحسين مهاراتهم، شجعهم لاكتشاف طرق جديدة وأفضل لأداء العمل، وأثن على أفكارهم الجديدة.

8- دعهم يبتكرون آراءهم وأفكارهم الجديدة حتى وإن لم تطابق طرقهم الجديدة تصورك عن الطريقة المثلى.

وأحرص على عمل الأتي:

أ - تشخيص الأدوار التي تتوقعها من الآخرين.

ب- تشجيع الآخرين ليعملوا بطريقة أفضل.

ج- أخبرهم متى حققوا التوقعات ومتى تجاوزوها، أخبرهم بذلك في الحال وحدد ما شاهدته. اسألهم بماذا شعروا تجاه التطوير، وكيف يتوقعون له أن يستمر.

د- أخبر الموظفين الذين لم يقوموا بعمل جيد:

- في أقرب فرصة ممكنة.
- في مكان بعيد عن مرأى الموظفين الآخرين.
- بأن تكون محدداً بخصوص ما لم تكن راضياً عنه.
- باكتشاف ما يشعر به الموظف.
- بالتركيز على المشكلة وليس على الشخص، دائماً استعمل أنا وليست أنت في ملاحظاتك.
- بعدم استعمال ألفاظ نابية قط.
- بإشراك الموظف في إيجاد حل.
- بتلخيص التوقعات بوضوح.

- بطريقة جازمة وليست اعتذاريه.

كيف تكسب ولاء موظفيك وتحصل على أعلى النتائج؟

1- عليك بالاهتمام بالعاملين معك

لا بد أن تتذكر أن العاملين لن يهتموا بقدر ما تعرف ؛ حتى يعرفوا قدر اهتمامك، ولهذا أشعرهم باهتمامك أولاً، وبعدها يمكنك أن تطلب منهم أن يفعلوا أي شيء، فلسنا مجتمعاً من الآلات، حيث أننا نتعامل مع بشر، والناس لهم مشاعرهم، وكل واحد يطمح في أن يكون موضع محبة وتقدير واحترام.

ولهذا إذا ما عاملت الناس بهذه الطريقة ؛ فإنهم يستجيبون بشكل أفضل، أما إذا ما عاملتهم كما تعامل الإنسان الآلي فإنهم يستجيبون كما تستجيب تلك الآلة، وبهذا الوضع يصعب عليك الحصول على أي إبداع، وستلاحظ أنهم يعبرون عن شعورهم بالتعاسة من خلال مظاهر معينة مثل هبوط المعنويات وكثرة المشاكل.

2- لا تكلف العاملين من العمل ما يشق عليهم حتى وإن كنت تطيق ذلك

لا تتوقع من العاملين معك أن يكرسوا أنفسهم للعمل على غرار ما تفعل أنت، فالسبب الذي جعل منك مسؤولاً لعمل معين هو أنك تنظر إلى ذلك العمل من منظور مختلف عن بقية العاملين، ولهذا أدعمهم في ذلك؛ ولكن عليك أن

تتفهم جيداً أن المخلصين المضحين هم الاستثناء لا القاعدة. وتنشأ المشكلة عندما يتوقع المسئول مـن العاملين تحته أن يعملوا ساعات فوق المطلوب لأنه هو يفعل ذلك، أو أن يجعلوا العمل معهم داخـل وخارج البيت لأنه هو يفعل ذلك، أو أن يجعلوا عملاً معيناً هو كل حياتهم لأنه يفعل ذلك، فعلى المسئولين والقادة أن يقدموا مثالاً يحتذي به ؛ ولكن عليهم أيضاً أن يدركوا الفارق بـين تقـديم المثـال والمطالبة المقنعة، فالعاملون معك يريـدون أن يعملـوا ومـع ذلـك يريـدون أن يستمتعوا بعلاقـاتهم العائلية وصداقاتهم ونشاطاتهم، أما تبعات تجاهل هـذه القاعـدة فسـوف يكون الاسـتياء الخفـي أو السافر، واحتمال تخريب نظام العمل.

3- قدر الفوارق بين العاملين، وابحث عن الصفات المشتركة بينهم للانطلاق بالعمل منها؛ وحتى تستطيع إدارة الأفراد المختلفين بطرق مختلفة

إن إدارة العمل تكون في بعض الأحيان صعبة على المسؤولين الذين يحاولون إدارة العمل بطريقة واحدة فقط ؛ لأن ما يحفز شخصاً ما ؛ قد لا يحفز الآخر. ولهذا عليك أن تدرس الفروق ؛ وتقيم المزايا الفريدة ؛ حتى تنتفع بها.

4- عبر عن امتنانك تجاه من يحسن تأدية عمله

كلنا نحب أن يكون هناك من يقدرنا، ويقدر العمل الذي نقوم به، فالعامل يحقق نتائج غير عادية عندما يشعر بأنه موضع تقدير واحترام، وقد بينت البحوث أن الناس جوعى للتقدير عندما يتلقون ثناء أصيلاً.

ولهذا اشكر أعضاء فريقك، واثن على نجاحا تهم وإنجازاتهم، ويمكنك أن توجه تقديرك مباشرة أمام الآخرين بشكل شفهي أو مكتوب أو بأكثر من طريقة ؛ وهذا بدوره يؤكد على نظرتهم لك كقائد يحسن للمحسن على إحسانه.

وسوف تلاحظ من العاملين أنهم متى ما وجدوا مستوى من الأداء ممكناً تحقيقه ويحقق لهم الثناء ؛ حتى يبادروا لإنجازه بهدف الحفاظ على الانطباع الذي وضعوه في ذهن المسئول.

5- أسأل العاملين معك عن احتياجاتهم

إحدى أفضل الطرق التي تجعل من إدارتك للعمل فعاله هي التأكيد على فعالية العاملين معك من خلال توفير لوازم واحتياجات عملهم، فالعاملون إذا ما كانوا لا يعملون بكامل طاقاتهم ؛ فإنك أنت الذي لا يعمل بكامل طاقته.

ولا تفترض بشكل آلي أن هذا سوف يكلفك الكثير من المال، إذ غالباً ما تكون الأمور الصغيرة هي ما يعيقهم عن القيام بعملهم بأكبر فعاليه ممكنة.

6- أخلص للعامل يخلص لك

الناس عادة يستجيبون بنفس الطريقة التي بها يعاملون، فالاحترام يفرض الاحترام، والعجرفة تجلب العجرفة، والإخلاص يبني الإخلاص، وهذا المصطلح الأخير مصطلح مهم يجب غرسه في نفس الموظف أو العامل، فهو يعني السهر على صالح العمل، وعدم التخلي عنه في الأوقات الصعبة، وهو يعني التركيز على إيجابيات العلاقة بين العامل والعمل، وتصغير متاعبها حين تتعرض أمور العمل للخطر.

فعلاقة المسؤول بالعاملين تشبه العلاقة الزوجية من حيث كونه التزام على مدى السنوات ؛ وليس خلال شهر العسل فقط، ومادام الحال هكذا فلابد من العناية والاهتمام بها.

7- عليك بالاعتراف بالخطأ في حق العاملين معك وطلب الصفح منهم

فعن طريق الاعتراف بأخطائك تنقي الجو، وتقدم نموذجاً يحتذى به من الشعور بالمسؤولية، ولابد أن تنتبه أنه نادراً ما تمر الأخطاء دون أن يتنبه لها الناس.

وإن حاولت أن تغطي على هذا الخطأ فإنك ستبذل قسطاً كبيراً من الطاقة في سبيل التغطية عليه مما يؤدي إلى مضاعفة الأذى وزيادة الضغط من خلال صرفك للوقت والجهد في محاولتك للتوصل إلى الحل.

أما عندما تعترف بأخطائك فإن ذلك يزيد من تقدير الناس لك، ويصبح الناس أكثر ميلاً إلى منحك ثقتهم في الأمور الأخرى.

8- أعط الصلاحية للمتعاونين معك على قدر مسئولياتهم

فإذا لم تأت الصلاحية على قدر المسؤولية فسوف تفضي بالموظف إلى الفشل، وهذا ليس من العدل في شيء.

فمن الخطأ أن يحدد المسؤولون مهمة ويحملون مسؤولية تنفيذها إلى أحد الأشخاص؛ ولكن لألف سبب وسبب يمنعونه عن صلاحية التنفيذ، وهكذا يحطمون معنويات العاملين معهم.

وهكذا يصبح أي موظف يشعر بأنه يستخدم ككبش فداء يضحي به عندما تتدهور الأمور، وربما يكون على حق، حتى صاحب التفكير الإيجابي يتوصل إلى نتيجة مفادها أنه لن ينجيه سوى الحظ.

9- لا تجعل العلاقات الشخصية الاجتماعية تطغى على العلاقة العملية

فالعلاقات الاجتماعية لا تنجح العمل إلا إذا أبقيت مستقلة عنه، بحيث لا تشكل عائقاً يحول دون بلوغه، وإذا صادف ولو مرة واحدة أن تشككت في قرار جيد ؛لأنه قد يسيء إلى علاقة شخصية مع أحد العاملين ؛ فإنك تكون عندها قد تجاوزت الحدود المسموح بها، وأساءت إلى سير العمل.

10- لا تجعل العمل مقيداً بشخص معين

أحد أكثر مساوئ العمل شيوعاً هو أن يربط المرء نفسه بعجلة شخص آخر بحيث يوصف عادة بالقول: متعلق بذيله.

إن مما يغري بالوقوع في هذا الأمر حين يشعر المرء أنه مصيب عندما يحاول أن يستفيد من ربط نفسه بشخص يتميز بنفوذ كبير، وبالرغم من أن ثمة فوائد قريبة إلا أنها لعبة في غاية الخطورة.

فعندما تشد عربتك إلى عجلة شخص آخر ؛ فإنك تحصل على ركوب مجاني إلا إنك لا تتحكم به، ولهذا فالأفضل لك أن تركز على عجلتك الخاصة، فالنور المنبعث في داخلك لا يمكن إطفاؤه، أما النور المنبعث من غيرك فقد لا تستفيد منه.

11- اختر كلماتك بعناية فقد تحمل أهمية أكبر مما تعتقد

الموقع والصلاحية يعطيان كلماتك قوة أكبر، فعندما تحرز موقعاً إدارياً ؛ فإن كلماتك يصبح لها

وقع مختلف على أسماع وعقول الموظفين، حتى أن ما قد يبدو نقاشاً عابراً في نظرك يشكل قضية

حياة أو موت بالنسبة للمتعاونين معك، فهم يعودون إلى بيوتهم ليلاً، ويحدثون زملاءهم وعائلاتهم

عن كلامك وكم كان مذهلاً أو ذكياً أو فظيعاً أو ضعيفاً.

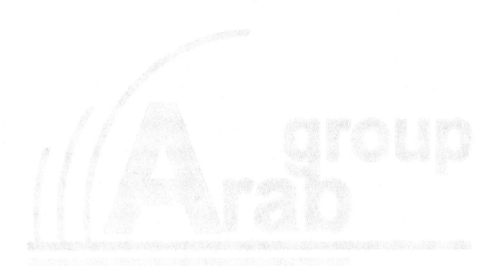

الوحدة الرابعة

تقييم التدريب وقياس العائد

تقييم النشاط التدريبي:

يتم تقييم النشاط التدريبي من خلال مقارنة النتائج التي تم التوصل إليها في عمليات المتابعة بالمعايير المحددة لكل نشاط من أنشطة التدريب ثم يجرى تحديد الانحرافات عن المعايير ومداها وتحديد أسبابها.

ثم تأتي الخطوة الأهم من تقييم النشاط التدريبي وهي قياس العائد منه.

قواعد متابعة وتقييم البرامج التدريبية

1- تجرى متابعة وتقييم صلاحيات البرامج التدريبية قبل التنفيذ بغرض اكتشاف نواحي الضعف في تصميم البرامج والعمل على معالجتها قبل البدء في تنفيذها.

2- تنصب عملية متابعة وتقييم البرامج التدريبية على المراحل الأساسية لتصميم البرنامج التدريبي مع التركيز على:

- مدى واقعية وتوافق الأهداف المحددة للبرنامج
- دقة الشروط الموضوعة للالتحاق بالبرنامج
- أولويات المعارف والمهارات التي يتضمنها المنهج التدريبي.
- أساليب التدريب المتبعة والتأكد من مناسبتها لتقديم الموضوعات وفق مستويات المتدربين
- قدرة وملائمة المعينات التدريبية على تسهيل توصيل المحتوى التدريبي للمتدربين
- كفاية الوقت المخصص لتنفيذ كل موضوع تدريبي وكذلك الوقت المقدر لتنفيذ البرنامج ككل.

3- يستحسن اللجوء إلى عقد الاجتماعات مع بعض المرشحين للبرنامج أو رؤسائهم المباشرين وكذلك المدربين الذين سيكلفون بتنفيذه أو استطلاع أراء هذه الفئات للمساعدة في متابعة وتقويم البرنامج التدريبي قبل تنفيذه

4- يجب على فريق تصميم البرنامج الاستجابة للمقترحات التي تم التوصل إليها حتى يمكن علاج الثغرات مبكرا.

ويجب التحقق مما يلي أثناء تنفيذ البرنامج:

- ملاءمة المكان الذي سينفذ فيه البرنامج وتناسبه مع عدد المتدربين

- توافر المادة التدريبية للمتدربين مع مراعاة جودتها.

- التسلسل المنطقي للموضوعات والوحدات التدريبية

- كفاءة الأساليب التدريبية المستخدمة في البرنامج

- كفاية وكفاءة المعينات السمعية والبصرية وإمكانيات الحاسب الإلكتروني والإنترنت حسب الحاجة والإمكانيات.

- كفاية الوقت المخصص لكل موضوع ووحدة تدريبية

- كفاءة المدربين الذين يشاركون في تنفيذ البرنامج

- كفاءة الإشراف الإداري والفني للبرنامج

ومن أساليب تقويم ومتابعة التدريب أثناء التنفيذ ما يلي:

- التقارير التي يقدمها المدربون عن اللقاءات التدريبية التي يقومون بتنفيذها.

- ملاحظات وآراء المتدربين حول كل لقاء تدريبي يتم تنفيذه.

- ملاحظات وآراء المشرفين على تنفيذ البرنامج من خلال معايشتهم اليومية للبرنامج، ومن خلال اجتماعاتهم مع المدربين.

أهمية متابعة وتقويم البرامج التدريبية بعد التنفيذ:

تركز متابعة وتقويم التدريب بعد التنفيذ على الجوانب التالية:

- اكتشاف نقاط الضعف ومحاولة تفاديها في البرامج القادمة

- إعادة النظر في مستوى المدربين وتدريبهم إذا احتاج الأمر لذلك

- التأكد من الالتزام بميزانية التدريب ومدى الحاجة إلى تعديلها

- إعادة النظر في الجوانب الإدارية للبرنامج إذا أتضح انه يوجد قصور فيها

وهناك أكثر من أسلوب لمتابعة البرنامج التدريبي بعد تنفيذه، ومن هذه الأساليب ما يلي:

- اجتماع مدير إدارة التدريب بالمتدربين بعد انتهاء البرنامج

- اخذ أراء كل من المدربين والمتدربين والمشرفين في البرنامج

متابعة وتقويم المتدربين

1- قبل تنفيذ البرنامج:

أ - تهدف متابعة المتدربين قبل تنفيذ التدريب إلى قياس إمكانيات المرشحين قبل الالتحاق بالبرنامج حتى يمكن تحقيق التجانس بين أعضاء كل مجموعة والتوصل لأعلى فائدة من المنهج التدريبي.

ب- يجب تعاون كل من إدارة التدريب والرئيس المباشر للمتدرب لمعرفة الجوانب التي يجب أن يركز عليها التدريب الذي يتلقاه المتدرب، ويعد لذلك نموذج خاص يوضح مستوى كل جانب من جوانب المعارف والمهارات والسلوك والاتجاهات الخاصة بالمتدرب قبل التحاقه بالتدريب.

ج- يمكن استخدام أسلوب أو أكثر من الأساليب التالية لمتابعة وتقويم المتدرب قبل التحاقه بالتدريب:

• استمارة بيان حالة: وتهدف إلى مطابقة الشروط الواجب توافرها في المرشح للالتحاق بالبرنامج.

• المقابلة الشخصية: وتستخدم في حالة الرغبة في التأكد من توافر معارف ومهارات وصفات معينة في المرشح لا يصلح لاكتشافها إلا هذا الأسلوب.

• الامتحان التحريري: ويمكن الاستعانة به في البرامج التي تهدف إلى الوصول بالمتدرب لمستوى معين من المعرفة أو المهارة مما يستلزم تحديد مستواه قبل بدء التدريب.

• اختبار قدرة المتدرب على العمل على الحاسب والانترنت حسب الحاجة والظروف.

2- **متابعة وتقويم التدريب أثناء التنفيذ:**

أ - يتولى كل من المدرب ومدير البرنامج مسئولية متابعة وتقويم المتدربين أثناء تنفيذ البرنامج.

ب- أثناء تنفيذ البرنامج يجب أن يتم التركيز في متابعة وتقييم المتدربين على الجوانب التالية:

• المواظبة على الحضور والنواحي السلوكية والتصرفات الشخصية باستخدام النماذج التي تخدم هذا الغرض

• مدى الاستجابة للتدريب والقدرة على التحصيل والاستيعاب من خلال استخدام اختبارات قياس المعارف.

• المشاركة الايجابية في المناقشات والتطبيقات والتفاعل مع المدرب والمجموعة باستخدام النماذج والتمارين والحالات الدراسية التي تخدم هذا الغرض

• نوع الأسئلة والمشكلات التي يثيرها المتدرب من خلال الملاحظات المدونة بمعرفة المدرب على مدى مشاركة وتفاعلات المتدربين بالنماذج التي تخدم هذا الغرض.

• القدرة على اكتشاف الأخطاء والقيام بتصحيحها.

ج- يمكن استخدام أسلوب أو أكثر من الأساليب التالية لمتابعة وتقييم المتدربين أثناء تنفيذ البرنامج التدريبي:

- الملاحظات الشخصية للمدرب

- إجراء الاختبارات (التحريرية أو الشفوية أو المعملية)

- تقدم مشروع تطبيقي أو بحث فردي أو جماعي

- تكليف المتدرب بإعداد تقرير عن مشكلة أو عدة مشكلات مرتبطة بموضوعات التدريب

- ملاحظة وتسجيل الجوانب المراد تقييمها بواسطة أخصائي متابعة وتقويم التدريب

- الاستمارة المزدوجة: تعد استمارة بها مجموعة من الأسئلة تتعلق ببعض المعارف والمهارات التي يتضمنها البرنامج، وتوزع قبل بداية البرنامج وبعد انتهائه، وبمقارنة الإجابات يمكن التعرف على مدى التقدم الذي حققه المتدرب

- نماذج التقييم الذاتي من قبل المتدرب دون التدخل أو الضغط عليه، ويؤدى ذلك إلى قيام المتدرب بتقييم نفسه بما يساعد في تعديل وتطوير سلوكه.

3- متابعة وتقويم التدريب بعد التنفيذ:

أ - يجب الاهتمام بمتابعة وتقييم المتدربين بعد الانتهاء من التدريب وعودتهم لأعمالهم، ويفضل أن يكون ذلك بعد مرور فترة كافية تختلف من برنامج لآخر.

ب - يجب أن تركز متابعة وتقويم المتدربين بعد الانتهاء من التدريب على ما يلي:

• معرفة مدى ما تحقق من فائدة للمتدربين وانعكاس ذلك على الأعمال التي يقومون بها في الواقع.

• التأكد من أن كل متدرب يقوم بالأعمال التي تم تدريبه عليها.

• معرفة مدى تحقيق البرنامج لأهدافه المختلفة

ج - يمكن استخدام الأسلوب الميداني أو الأسلوب المكتبي أو كليهما معا لمتابعة وتقييم المتدربين بعد التدريب: حيث تجرى المتابعة الميدانية عن طريق الزيارات الميدانية لمقابلة الرؤساء المباشرين والمتدربين أنفسهم للتعرف على مدى التقدم الذي حققه الذين شاركوا في البرنامج التدريبي.

د - يمكن استخدام المتابعة المكتبية في حالة تعذر المتابعة الميدانية، وفي هذه الحالة يجب على الرؤساء المباشرين إرسال تقارير دورية إلى إدارة

التدريب تتضمن مستوى المتدربين، ويمكن لإدارة التدريب أن ترسل استمارات متابعة كل الرؤساء المباشرين للمتدربين.

هـ - إذا كشفت المتابعة عن قصور في أداء وسلوك بعض المتدربين فيجب دراسة هذا القصور لمعرفة الأسباب التي أدت إليه:

- إذا كان القصور سببه خلل في البرنامج التدريبي فيجب إعادة النظر فيه وتطويره من جديد

- أما إذا كان القصور سببه عوامل أخرى فيجب إحاطة الجهة التابع لها المتدرب لاتخاذ الإجراءات المناسبة.

وهناك بعض المداخل أو الأساليب المقترحة أيضا لتقييم عملية التدريب والتطوير والتي من خلالها يمكن قياس التكلفة والعائد وأهمها :

1- مدخل "باترك" كأساس لتحديد طبيعة المعلومات اللازم جمعها تمهيدا لعملية تقييم التدريب، وقد حدد من خلاله أربعة مستويات رئيسية للتقييم، نورد لكل منها سؤالا يحتاج إلى تقييم وهي على النحو التالي:

- رد الفعل Reaction: هل سعد المشاركون بالبرنامج؟

- التعلم Learning: هل تعلم المشاركون من البرنامج؟

- السلوك Behavior: هل عدل المشاركون سلوكهم وفقا لما تعلموه؟

- النتائج Result: هل أثر تعديلهم للسلوك إيجابيا على نتائج عملهم؟

2- مدخل "باركر" 1973، اقترحه تريداوي باركر حيث قسم معلومات التقييم إلى أربعة أنواع رئيسية هي:

- أداء الوظيفة Job Performance
- أداء المجموعة Group Performance
- رضا المشارك (المتدرب) Participant satisfaction
- المعلومات التي حصل عليها المشارك Participant Information

3- مدخل شركة AT&T الأمريكية 1979 وهي دراسة قدمتها شركة AT&T في مؤتمر الجمعية الأمريكية للتدريب والتطوير وحددت فيها أربعة مستويات لجمع المعلومات الخاصة بتقييم التدريب وهي:

- مخرجات تتعلق بردود الفعل .
- مخرجات تتعلق بالقدرة .
- مخرجات تتعلق بالتطبيق .
- مخرجات تتعلق بالقيمة .

الاختبارات المعيارية لتقييم المتدربين:

1- يجب عند إعداد الاختبارات المعيارية أن يراعى في تصميمها مستوى التعلم الذي يمر به المتدرب.

2- ينقسم مستوى التعلم نمطيا إلى ثلاثة مستويات متدرجة هي:

- مستوى الحصول على المعلومات.

- مستوى تطبيق المعلومات.

- مستوى الأداء تحت ظروف معقدة أو في مواجهة مشكلة.

اختيار نوع الاختبار:

- يجب اختيار نوع الاختبار المعياري المناسب وكذلك مستوى التعلم الذي يمر به المتدرب.

- تتنوع الاختبارات المعيارية المستخدمة بحيث لا تكون متكررة في كل مرة يجرى فيها الاختبار.

عند صياغة بنود الاختبار يجب مراعاة ما يلي:

- صياغة البنود بشكل واضح لا يحتمل التأويل.

- أن تهدف البنود المختارة إلى قياس المعيار المحدد للهدف السلوكي.

- أن تتضمن البنود إرشادات كافية لكيفية تأدية الاختبار من قبل المتدرب دون طرح تساؤلات.

- ألا تخرج البنود بعيداً عن المستوى المحدد للتعلم.

- الابتعاد عن تعقيد البنود أو كتابتها بحيث تتم الإجابة عليا بديهيا.

مراحل وعناصر متابعة وتقييم التدريب

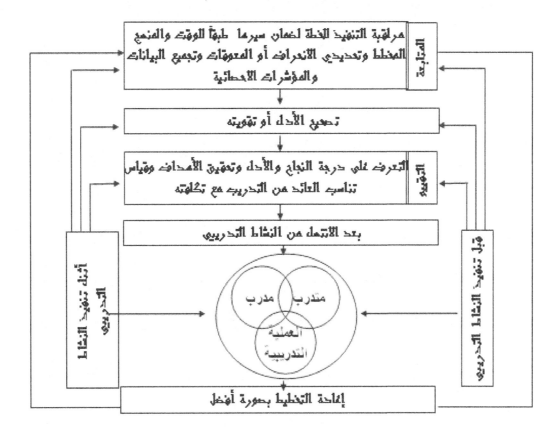

مراعاة الوقت المخصص للإجابة عن كل بند.

- أن تظهر البنود الفروق الفردية للمتدربين.

- يجب وضع مفتاح (KEY) يعتمد عليه المدرب الذي سيقوم بتصحيح الاختبار.

أهمية قياس العائد من التدريب:

1- منهج الرقابة على الأداء لقياس العائد من التدريب:

لكي يمكن استخدام هذا المنهج فلابد من تحديد أسس مراقبة الأداء، حيث أن هناك أساسين

هما:

- الأساس السلوكي.. وهو الذي يمكن من قياس تفاعل الأفراد مع العمل من خلال المراحل العملية التي يتكون منها نظام العمل أو الأداء.

- الأساس الاقتصادي.. وهو الذي يشير إلى السلوك الواجب الاهتمام به ويعطى نظرة ثاقبة إلى النتائج المحتملة لمختلف مستويات الأداء

ولتطبيق هذا المنهج يتطلب الأمر التعرف على قدرات المتدرب بدقة من ناحية معلوماته

وخبراته وأدائه وسلوكه واتجاهاته قبل التدريب ومقارنة هذه النواحي بشكلها بعد التدريب.

2- **المنهج الوصفي لقياس العائد من التدريب:**

يقسم هذا المنهج العائد من التدريب إلى قسمين:(عائد معنوي، وعائد مادي).

أولا: قياس العائد المعنوي للتدريب

1- يتعلق قياس العائد المعنوي للتدريب بتحسين السلوك والاتجاهات وتنمية المعارف والمهارات الخاصة بالمتدربين.

2- يمكن قياس العائد المعنوي بعدة أساليب منها:

- الاختبارات الشخصية.

- الاستقصاء

- التقييم أثناء العمل (بواسطة المشرفين والمتخصصين الاستشاريين)

- استخدام مجموعتين (مجموعة الرقابة/ مجموعة التدريب) للتعرف على عائد التدريب.

ثانياً: قياس العائد المادي للتدريب

1- يتم قياس العائد المادي مما حققه التدريب من تقدم في مهارات وتحسين أداء المتدربين وتقييمه ماليا، وذلك وصولا إلى ما حققه الاستثمار في التدريب من عائد وتقدير الاستمرار فيه أو وقفه.

2- يمكن اللجوء إلى الطرق التالية للمساعدة في قياس العائد المادي للتدريب:

• قياس الفقد المادي نتيجة نقص المعارف والمهارات والسلوك لدى المتدرب قبل التدريب مضافا إليه تكاليف التدريب.

• تحديد المقابل المادي الذي يعود على الجهة لتحسين السلوك والمعارف والمهارات بعد التدريب.

• مقارنة المقابل المادي الذي يعود على الجهة بعد التدريب بالعائد المادي قبل التدريب، وإذا كان الفارق نتيجة مباشرة لزيادة المهارات وتنمية السلوك فإنه يعد عائدا للاستثمار في التدريب.

3- المنهج الإحصائي لقياس العائد على التدريب

يجب على الجهات التي ترغب في تطوير التدريب أن تلجأ إلى تطبيق المنهج الإحصائي لقياس العائد من التدريب، حيث يتم بمقتضاه استخدام الأساليب الكمية التي تمكن من قياس نتائج التدريب ومقارنتها بتكاليفها بأسلوب منطقي.

يتطلب المنهج الإحصائي لقياس العائد من التدريب ما يلي:

1- إعداد نظام البرامج التدريبية التي تصلح للقياس الإحصائي للعائد من التدريب.

2- الانتباه للمشكلات المتعلقة بقياس مدى التغير في المتدربين والجهة وطرق العمل.

3- إتباع خطوات المنهج الإحصائي في قياس العائد من التدريب.. والتي تتلخص فيما يلي:

- الأشكال التنظيمية للخطوات التجريبية

- جمع البيانات والمعلومات

- التحليل الإحصائي

4- يجب أن يعهد بعمليات وتنفيذ المنهج الإحصائي لقياس العائد من التدريب لمتخصصين في هذا المجال على أن يعاونهم المسئولون عن التدريب.

المراجع

خالد عبد الرحيم الهيتي، إدارة الموارد البشرية: مدخل استراتيجي، عمان: دار وائل للنشر،2004.

د. النجار، محمد عدنان، إدارة الموارد البشرية والسلوك التنظيمي، منشورات جامعة دمشق، 1998، ص348.

د. الفارس، سليمان خليل وآخرون، إدارة الموارد البشرية (الأفراد)، منشورات جامعة دمشق، 2003،بتصرف.

جمال أبو دولة، ورياض طهماز، واقع عملية الربط والتكامل ما بين إستراتيجية المنظمة وإستراتيجية إدارة الموارد البشرية، أبحاث اليرموك، مجلد 20، العدد 4-أ، 2004.

د .حسين، عبد الفتاح دياب1997، إدارة الموارد البشرية، شركة البراء، القاهرة.

الندوة القومية حول "دور منظمات أصحاب الأعمال في تضييق الفجوة القائمة بين مخرجات التدريب واحتياجات سوق العمل" القاهرة 8-10 نوفمبر- تشرين الثاني 2009

عبد المعطي عساف، التدريب وتنمية الموارد البشرية: الأسس والعمليات، عمان: دار زهران، 2000.

مؤيد السالم، وعادل صالح، إدارة الموارد البشرية: مدخل استراتيجي، إربد: عالم الكتب الحديث للنشر والتوزيع، 2002.

مصطفى أبو بكر، إدارة الموارد البشرية: مدخل لتحقيق الميزات التنافسية، الإسكندرية: الدار الجامعية، 2004.

موضوع مفهوم الجودة في إدارة الموارد البشرية والتدريب...مأخوذ من الانترنت.